심도 있게 편찬된
구역 및 대학·청년부 BEST G.B.S. 시리즈

BEST
창세기 I

묵상하는 사람들
프리셉트

서문

하나님의 말씀을 향한 뜨거운 열정을 가진 한국 교회 성도들을 위하여 쉼없이 달려온 프리셉트성경연구원은, 쉽고도 심도 있는 성경공부 교재 개발의 부르심에 따라 BEST G.B.S. 시리즈를 기획하여 출간하게 되었습니다.

BEST G.B.S.는 참여자들의 수준이 천차만별하고 그들이 처한 상황이 다양한 점을 고려하여, 다양한 포커스를 가진 도입글과 질문을 제시하였습니다. 뿐만 아니라 깊이 있는 질문을 다각도에서 나눌 수 있도록 선택 질문을 기획하여 묵상의 깊이를 더하였습니다.

한편, 프리셉트성경연구원은 한국 교회를 효과적으로 돕는 다양한 교재를 구역, 셀, 소그룹, 그리고 청년부의 조모임을 위해 많이 개발하고 있습니다. 그 종별의 특징은 다음과 같습니다.

Ⅰ. G.B.S. 교재의 종별 특징

1. High G.B.S. 시리즈

평신도 소그룹 중 성경공부를 장기간 진행해 온 분들에게 적합한 교재입니다. 프리셉트성경연구원의 고급 과정(PUP)에서 다루는 내용을 압축하여 정리한 내용으로서, 참여자들이 1시간 정도 예습해 올 수 있을 때에 효과적으로 진행할 수 있는 교재입니다.

2. BEST G.B.S. 시리즈

소그룹 참여자들의 신앙 수준이 다양한 점을 고려하여, 다양한 도입글과 질문을 제시하였습니다. BEST G.B.S.를 쉽고 편하게 진행하기를 원하면, 「더 깊은 연구와 묵상을 위하여」를 생략하고 다룰 수 있습니다.

3. 쉬운 G.B.S. 시리즈

이 교재는 질의응답식 내용을 통해 누구나 예습 없이 현장에서 쉽게 진행할 수 있도록 구성되었습니다.

4. 주제별 G.B.S. 시리즈

이 교재는 성경의 내용을 주제별로 다뤄서 해당 주제에 대해 성경적 세계관을 확립하는 데 큰 도움을 줍니다.

5. 하나님 마음에 합한 시리즈

이 교재는 신앙생활에 관한 16가지 주제를 소그룹용으로 편찬한 교재로서, 쉬운 G.B.S.에 비해 다루는 내용이 넓고 깊습니다.

6. 40분 G.B.S. 시리즈

이 교재는 미국 프리셉트 본부에서 기획된 교재로서, 약 40분 동안 활발한 토의식 성경공부를 진행할 수 있도록 구성된 편리하고 유용한 교재입니다.

7. 성품 G.B.S. 시리즈

이 교재는 성도들이 소그룹에서 끈기 있게 예수님의 성품을 배우도록 편찬되었습니다. 이 시리즈는 감사, 경건 등 성품이란 주제에 대하여 성경 본문을 집중적으로 연구하여 적용하도록 돕는 성품 변화에 통합된 자료입니다.

8. 기타

그 외에 수련회용, 주말 성경학교용, 청소년용, 제자훈련용 등 많은 교재가 준비되어 있습니다.

Ⅱ. 인도자를 위한 안내

1. 시작 시간을 정확히 지키십시오.
2. 성령님께서 말씀의 비밀을 깨우쳐 주시도록 함께 기도하십시오.
3. 성경공부에 들어가기 전, 지난 주에 깨달은 말씀을 함께 나누면서 마음을 여는 시간을 가지십시오.
4. 인도자는 시작하는 질문을 던지면서 참여자들의 활발한 토론을 유도해 나가십시오. 질문을 할 때에는 교재에 주어진 문제에만 국한하지 말고 다른 보충 질문들을 준비하여 이끌어 가십시오.

5. 각 문제마다 적절한 시간을 안배하여 중점적으로 다룰 문제는 충분히 토의하고 지엽적인 문제는 간단히 진행하십시오.
6. 각 과를 인도한 후, 다음의 평가항목을 통해 스스로 자기 점검을 하십시오.
7. 인도자로서 좀 더 깊이 성경을 배우고자 하는 분들은 프리셉트 성경연구 과정에 참여하여 도움을 받기 바랍니다(문의: 02-588-2218).

Ⅲ. 평가항목

1. 보조 질문은 좋았는가?
   명확하고 간략했는가?
   본문에 충실했는가?
   본질적인 문제에 접근했는가?
   깊은 통찰과 적절한 적용을 이끌어 냈는가?
2. 참여자의 발표를 잘 유도하고 격려했는가?
3. 말을 너무 많이 하거나 적게 하지는 않았는가?
4. 준비를 충분히 하였는가?
5. 분문에서 벗어난 방향으로 토의가 진행되지는 않았는가?
6. 시간은 잘 지켰는가?

Ⅳ. 본 교재에 대하여

모세오경 중 첫번째 책인 창세기는 갖가지 기적을 통해 출애굽한 이후 시내 산 아래에서 하나님과 언약을 맺은 이스라엘 백성들에게 주어진 말씀입니다. 이스라엘 백성들은 애굽을 탈출했지만 정체성의 혼란 가운데 있었습니다. 그리고 가나안이라는 새로운 목적을 향해 나아가야 했습니다. 하지만 그들은 여전히 자신들을 구원한 하나님에 대해서 잘 몰랐으며, 하나님의 백성은 과연 어떤 존재인지도 몰랐습니다. 창세기는 바로 이에 대한 해답을 제시한 말씀입니다.

창세기는 하나님은 어떤 분이신가에 대한 해답을 제시합니다. 우리는 창세기 첫 장 첫 절을 펼치는 순간부터 창조주 하나님을 만납니다. “태초에 하나님이 천지를 창조하시니라"(창 1:1)는 대선언에서 알 수 있듯이 하나님은 세상에 존재하는 모든 것을 창조하신 분입니다. 따라서 하나님은 온 세상에 대한 주권을 가지고 계십니다. 애굽에서 바로를 왕으로 섬기던 이스라엘 백성들이 섬겨야 할 황제는 애굽 황제가 아니라 온 우주의 황제이신 창조주 하나님이었습니다. 이와 같이 창세기는 하나님의 백성인 이스라엘이 섬겨야 할 분이 하나님이심을 강력하게 알려줍니다.

창세기는 창조주 하나님을 섬기는 하나님의 백성들이 어떤 사람이어야 하는지를 보여줍니다. 창세기 2:4-25은 인간 창조에 초점을 맞추고 있습니다. 특히 선악을 알게 하는 나무를 통해 알 수 있는 것은, 인간은 하나님께 절대적으로 순종해야 하는 존재라는 것입니다. 하지만 아담을 비롯하여 이후에 등장하는 많은 인간들은 계속해서 하나님께 불순종으로 반응합니다. 불순종에 대한 열매는 하나님의 심판입니다. 그러나 그중에도 아벨, 노아 그리고 아브라함, 이삭, 야곱 등 믿음으로 반응한 사람들이 소개됩니다. 이것을 통해 출애굽한 이스라엘 백성들은 믿음의 조상들을 뒤따라 순종과 믿음의 반응으로 하나님의 언약을 신실하게 지켜야 함을 알게 되었을 것입니다.

이 책을 공부하는 동안 여러분은 하나님의 백성은 어떤 삶을 살아야 할지에 대한 도전을 받게 될 것입니다. 또한 하나님 앞에서 피조물인 여러분이 어떤 믿음으로 반응해야 할지에 대한 깊은 이해가 있게 될 것입니다.

프리셉트성경연구원

차례

01 창조_혼돈을 질서로

| **본문** 창세기 1:1-13

| **외울말씀** 태초에 하나님이 천지를 창조하시니라 (1절)

도입을 위한 글

영화「조스」와「킹콩」의 제작진이 미국 켄터키 주에 2,700만 달러를 들여 창조박물관을 설립했다. 현대 과학 기술을 총동원한 이 박물관은 특수효과 장치를 갖춘 극장, 흔들리는 의자, 움직이는 영상 등을 통해 노아의 홍수 때의 지진을 실감할 수 있도록 지어졌다. 그러나 일부 과학자들과 언론인들은 창조론이 너무 실감나기 때문에 어린 학생들에게 큰 피해를 줄 수 있다고 주장한다. 또한 그들은 창조론을 분명한 사실로 믿을 수 없다고 주장한다. 하지만 아담과 하와, 가인과 아벨, 노아의 홍수, 바벨탑 이야기는 모두 역사적 사실이다. 예수님께서 믿으셨던 것을 믿으면 틀림이 없다. 피해는 없다.

-김상복, 국민일보「겨자씨」

도입을 위한 질문

❶ 여러분은 하나님께서 천지를 창조하심을 믿습니까?

❷ 창조론과 진화론에 대해서 어떻게 생각합니까?

본문 질문

❶ 창세기 1:1에서는 하나님을 어떤 분이라고 소개합니까?

❷ 하나님의 천지창조는 무(無)에서 유(有)가 나온 것입니다. 이를 통해 존재하게 된 두 가지는 무엇입니까?(1절)

- 太初(　　　) = 시간과 질서
- 天地(　　　) = 공간과 물질

❸ 질서가 잡히기 전의 땅은 어땠으며, 땅을 덮고 있던 것은 무엇이었습니까?(2절)

* 혼돈을 질서로 바꾸는 것도 창조다. 흑암, 깊음, 수면은 고대 문헌에서 악, 무질서, 혼돈을 상징한다.

❹ 혼돈(Formless; NIV)으로 가득하던 땅 위에 누가 계셨습니까?(2절)

* 운행(2절): 새가 알을 품고 너풀거린다는 의미이다. 신명기 32:11에서 독수리가 그 새끼 위에 너풀거리는 모습으로 묘사되었다.

❺ 다음 글을 읽고 창세기 1장의 기록 목적이 무엇인지 정리해보십시오.

> 창세기의 창조 기사는 우주의 기원을 연대적으로 서술하기 위해서 기록한 것이 아니다. 물론 우주의 시작을 서술하지만, 그 서술 형식은 역사가나 과학자가 취하는 형식이 아닌, 다른 형식으로 서술하고 있다. 그것은 고대 근동 지역에 익숙한 신관이나 우주 형성 신화에 배경을 두고 쓴 신학적 서술이다. 이런 배경을 두고 신과 인간 그리고 세상에 대하여 새로운 견해를 가르치고, 이런 견해는 결국 인간의 역사 안에 추구하시는 하나님의 목적을 잘 나타내고 있다.
>
> —존 스택(John H. Stek)

❻ 하나님께서는 계획을 가지고 행동하시며, 감정을 가지신 인격적인 분입니다. 인격적인 하나님을 표현한 부분을 찾아보십시오(3-4절).

– 3절: 하나님이 ( ) 빛이 있으라 하시니 빛이 있었고

– 4절: 하나님이 빛을 ( ) 어둠을 ( )

❼ 하나님께서는 첫째 날부터 셋째 날까지 혼돈으로 가득하던 땅에 질서를 부여하셨습니다. 다음의 표를 통해 정리해보십시오.

* 하나님께서는 '어둠'이라는 혼돈의 세력을 '빛'으로, '물'이라는 혼돈의 세력을 '궁창'으로 처리하셨다. 또한, 다시 물을 한 곳에 모아 한계를 정하고 생명의 공간인 땅과 양식을 확보하셨다.

	혼돈	질서를 부여하시는 말씀	결과
첫째 날	땅을 덮고 있는 어둠	3절: ( )이 있으라	낮, 밤
둘째 날	땅을 덮고 있는 물	6절: ( ) 가운데에 ( )이 있어 물과 물로 ( ) 하시고	하늘, 하늘 위/ 아래의 물
셋째 날	궁창(하늘) 아래 물	9절: 천하의 ( )이 한 곳으로 모이고 ( )이 드러나라 11절: 땅은 ( )과 씨 맺는 ( )와 각기 종류대로 씨 가진 열매 맺는 ( )를 내라	땅, 바다, 풀, 씨 가진 열매 맺는 채소와 나무

❽ 하나님께서는 무질서를 질서로 만드신 후 어떻게 평가하셨습니까?(4, 10, 12절)

더 깊은 연구와 묵상을 위하여

❶ 여러분의 삶에는 어떤 혼돈이 있습니까? 여러분은 하나님의 주권을 신뢰하며, 그 혼돈을 수용하고 있습니까?

❷ 여러분의 삶 속에 무질서한 부분을 하나님께 고백하고 질서를 간구하십시오.

적용을 위한 글

창세기 1:1-2:3의 창조 기사가 우리에게 주는 메시지는 네 가지다. 첫째, 하나님께서는 창조주이시다. 본문은 하나님을 창조주와 역사의 주인으로 강조한다. 둘째, 창조의 목표는 혼돈에서 질서로의 창조이다. 하나님께서는 무질서를 보기에 심히 좋은 질서로 전환시키셨다. 따라서 하나님의 창조는 영적 세력과의 갈등, 혹은 싸움이라고 할 수 있다. 셋째, 창조는 말씀으로 이루어졌다. 모든 피조물들이 하나님의 말씀으로 창조되었고, 혼돈 역시 하나님의 말씀에 복종할 수밖에 없는 존재다. 넷째, 창조의 최종 목표는 하나님 나라다.

적용 및 결단을 위한 질문

❶ 여러분은 날마다 하나님과 인격적인 교제를 하고 있습니까?

❷ 여러분이 하나님의 말씀에 순종하며 하나님께서 보시기에 좋은 삶을 살기 위해 무엇을 노력해야 하는지 함께 나눠보십시오.

02 공허를 채움으로

본문 창세기 1:14-25

외울말씀 하나님이 이르시되 하늘의 궁창에 광명체들이 있어 낮과 밤을 나뉘게 하고 그것들로 징조와 계절과 날과 해를 이루게 하라 (14절)

도입을 위한 글

천문학자 켈퍼 씨는 천체경을 통해 우주를 볼 때마다 수많은 별들과 태양을 중심으로 정확한 궤도를 돌도록 별들을 운행하시는 하나님의 능력에 감탄했다. 그의 동료 중에는 하나님의 살아계심을 믿지 않는 사람이 있었다. 어느 날 그는 태양을 중심으로 여러 유성이 궤도를 따라 도는 태양계의 모형을 만들었는데, 마침 그의 친구가 와서 그것을 보고는 "참 아름답게 잘 만들었는데, 이거 누가 만들었지?"라고 물었다. 켈퍼 씨는 "아무도 안 만들었어. 스스로 된 거야"라고 했더니, 그는 켈퍼 씨를 보며 "무슨 농담을 하는 거야? 스스로 되다니, 누가 만들었어?"라고 물었다. 이때, 켈퍼 씨는 말했다. "친구, 하찮은 장난감도 스스로 되지 않거든? 하물며 정확하게 도는 저 오묘한 천체들을 만드신 분을 모르겠나? 창조의 위대한 능력과 운행의 위대한 손을 믿지 못하는 자네를 위해서도 하나님께서는 사랑을 베풀고 계신다네." 세상에서 가장 위대한 말 한 마디가 있다면, 그것은 "태초에 하나님이 천지를 창조하시니라"(창 1:1)라는 말씀이다. 창조주 하나님, 그 창조하신 세계를 다스리시는 하나님을 믿으라.

–김장환, 「큐티 365」

도입을 위한 질문

❶ 여러분은 자연물을 숭배하는 것에 대해 어떻게 생각합니까?

❷ 여러분은 대자연의 신비함을 보면서 하나님을 찬양해본 적이 있습니까?

본문 질문

❶ 하늘의 궁창은 공허했습니다. 하나님은 그것을 어떻게 채우셨습니까?(14절)

* 하늘의 궁창(14절): 우주 공간으로 생각하면 된다.
* 광명체들(14절): 빛을 내는 천체(天體)들을 의미한다.

❷ 하나님은 광명체들로 무엇을 나누시고, 무엇을 이루게 하셨습니까?(14절)

❸ '있으라, 나뉘게 하라, 이루게 하라, 비추라' 등 하나님의 말씀은 어떻게 되었습니까?(14-15절)

❹ 창세기 기자는 두 큰 광명체를 표현할 때, '해'와 '달'이라는 명칭 대신 어떤 명칭을 사용했습니까?(16절)

* 당시 이스라엘의 이웃 나라에서는 '해'와 '달'이라는 명칭 자체가 신들의 이름이었다. 본문은 '해'와 '달'은 신이 아닌 피조물이라는 메시지를 담고 있다.

❺ 세상은 하나님의 피조물입니다. 다음 글을 읽고, 하나님이 창조하신 피조물들의 목록을 세부적으로 정리해보십시오.

> 하나님께서는 시간을 움직이고 기후를 정하셨으며, 인간 존재의 다른 모든 면들을 만드셨다. 물이 생겨난 것과 땅이 식물을 자라게 하는 능력을 갖게 된 것, 그리고 농업과 계절 순환의 법칙 등 각각 맡은 바 역할을 지닌 하나님의 피조물들은 모두 하나님께서 명하신 것이며 압제적이거나 위협적인 것이 아니라 좋은 것이었다. 이 모든 것이 '좋았다'는 것은 하나님의 지혜와 정의를 반영한다.
>
> –존 월튼 · 빅터 매튜스 · 마크 샤발라스 · 크레이그 키너, 「IVP 성경배경주석」

❻ 하나님은 물들과 땅 위 하늘의 궁창과 땅을 무엇으로 채우셨습니까?(20–24절)

* 땅 위 하늘의 궁창(20절): '대기권'을 말한다.

❼ 위의 생물들은 무엇대로 창조되었습니까?(21, 24절)

❽ 모든 생물들이 생육하고 번성하며 충만할 수 있는 이유는 무엇입니까?(22절)

더 깊은 연구와 묵상을 위하여

❶ 하나님이 해와 달과 별들 같이 모든 생물들을 지으신 이유는 무엇입니까?

❷ 하나님이 복 주시지 않으면 아무것도 스스로 생육하고 번성할 수 없습니다. 지금도 자연 만물의 생육과 번성이 지속되는 근본적인 이유는 무엇입니까?

적용을 위한 글

자연 만물을 보면, 하나님의 질서정연하심을 알 수 있다. 그래서 바울은 이렇게 말했다. "하나님은 무질서의 하나님이 아니시요 오직 화평의 하나님이시니라"(고전 14:33). 하나님께서는 혼돈의 공간에 질서를 3일 동안 창조하셨다. 그리고 나머지 3일 동안은 그 공간을 채우셨다. 온 우주는 하나님의 질서로 채워져 있다. 유독 사탄의 세력과 인간만이 하나님의 질서에 순응하지 않고 있을 뿐이다. 여러분의 삶에서 질서와 채워짐을 경험하려면 하나님의 질서 안으로 다시 들어가야 한다. 하나님께서는 우리가 하나님께 순종하여 복을 누리길 간절히 원하신다.

적용 및 결단을 위한 질문

❶ 여러분은 하나님이 보시기에 좋아하실만한 피조물로 살아가고 있습니까?

❷ 하나님의 복은 인간뿐만 아니라, 바다와 하늘의 생명체들에게도 주어집니다. 여러분은 우주 안에 충만한 하나님의 통치를 인정하고 경험합니까?

03 하나님의 형상

본문 창세기 1:26-2:3

외울말씀 하나님이 자기 형상 곧 하나님의 형상대로 사람을 창조하시되 남자와 여자를 창조하시고 (27절)

도입을 위한 글

어떤 미국 사람이 프랑스 여행을 하던 중에 한 시골 상점에서 목걸이 하나를 보았다. 그는 그 목걸이가 너무나 특이해서 계속해서 보다가 저렴하게 그것을 구입했다. 그가 여행을 마치고 미국으로 돌아와 공항 세관을 통과할 때, 목걸이에 대한 세금이 의외로 너무 비싸게 나왔다. 그래서 그는 비싸지도 않은 물건에 왜 이런 세금을 책정하는지 항의했다. 그러자 세관은 이것이 매우 고가의 물건이라고 말했다. 결국 어쩔 수 없이 세금을 지불한 그는 보석 감정사에게 목걸이의 값어치에 대해 의뢰했다. 확대경을 가지고 한참 동안 목걸이를 보던 보석 감정사는 놀라며 말했다. "이 목걸이는 보통 목걸이가 아닙니다." 그 목걸이에는 '죠세핀에게, 보나파르트 나폴레옹이'라는 글귀가 새겨져 있었다. 한때 세계를 지배했던 나폴레옹의 사인으로 인해 그 목걸이는 엄청난 가치를 지니게 된 것이다. 우리에게도 하나님의 사인이 새겨져 있고 하나님의 형상이 있다. 세상 그 무엇과도 비교할 수 없는 너무나 소중한 작품인 '나'라는 존재에 하나님의 숨결이 있다.

도입을 위한 질문

❶ 여러분은 여러분에게 어느 정도의 가치가 있다고 생각합니까?

❷ 위와 같이 생각하는 이유는 무엇입니까?

본문 질문

❶ 하나님은 사람을 만들기 전, 누구와 상의하셨습니까? "우리"라는 단어에 유의하여 살펴보십시오(26절).

❷ 하나님은 그분의 통치 영역과 그 안에 모든 것들을 누구에게 맡기기로 계획하셨습니까?(26절)

❸ 사람은 누구의 형상대로 창조되었습니까?(27절)

❹ 하나님은 인간을 두 가지 형상으로 만드셔서 하나님의 형상을 드러내셨습니다. 그것은 무엇과 무엇입니까?(27절)

❺ 다음 글을 읽고, 여러분은 하나님의 형상을 지닌 하나님의 대리자로 살아가고 있는지 정리해보십시오.

> 미국의 방송 설교가이자 저술가인 데니스 드 한 박사는 「윤리 혁명」이라는 책에서 현대인의 윤리관을 형성하는 다섯 가지의 철학을 지적했다. 그 다섯 가지 철학은 바로 거짓된 종교, 신 쾌락주의, 공리주의, 결정론, 상황 윤리이다. 이 영향 아래에서 현대인들은 그들의 윤리관과 부합되는 인생관을 형성하면서 살아간다. 그러나 삶의 목표는 주로 '자아'에 집중되어 있어서, 생의 모든 활동이 자신을 섬기고 즐거워하는 가운데 이루어진다. 그러나 인간 본연의 삶은 하나님 중심의 삶이다. 하나님께서는 인간을 하나님의 형상대로 창조하셨고, 창조 당시 인간의 유일한 생각과 욕망은 오직 하나님을 섬기며 그분 안에서 즐거워하는 것이었다. 하지만 아담이 죄를 범한 후 처음 생각하게 된 것은 하나님의 놀라우심이 아니라 자기 자신이었다. "주 우리 하나님이여, 영광과 존귀와 권능을 받으심이 합당하오니 주께서 만물을 지으신지라. 만물이 주의 뜻대로 있었고 또 지으심을 받았나이다." 이것이 인간의 참된 고백이 되어야 한다. 하나님을 영화롭게 하며, 그를 영원토록 즐거워하는 삶의 목표를 지니고 살아가는 참 그리스도인의 고백이 있기를 바란다.
>
> –김장환, 「큐티 365」

❻ 하나님은 사람들에게 복을 주시며 어떤 명령을 하셨습니까?(28절)

* 정복하라(28절): 이는 하나님의 대리자요, 자연의 동반자로서 그것들을 관리하고 보살피라는 명령이다. 따라서 인간은 자연을 무제한적으로 착취하고 마음대로 하면 안 된다.

❼ 하나님은 사람과 땅의 짐승과 새에게 어떤 먹을 거리를 주셨습니까?(29-30절)

❽ 하나님이 지으신 모든 것을 보시고 어떻게 감탄하셨습니까?(31절)

❾ 하나님은 하던 모든 일을 그치시고 일곱째 날에 무엇을 하셨습니까?(2:2)

더 깊은 연구와 묵상을 위하여

❶ 하나님의 형상인 인간을 공격하면, 하나님을 공격하는 것입니다. 여러분은 경제적 · 사회적 · 외모적인 것으로 다른 사람을 판단하고 공격하지 않습니까?

❷ 여러분은 남성우월주의, 남아선호사상과 낙태, 극단적 여성해방운동, 동성연애 등 남성과 여성의 조화를 무너뜨리는 사상에 대해 어떻게 생각합니까?

적용을 위한 글

내가 생각하는 것, 감정이 있는 것, 뜻을 품고 결정하는 것 등 이 모든 것은 바로 내가 하나님의 형상이라는 증거다. 인격이신 하나님은 사람을 인격으로 만드시고, 사람과 교제하길 원하신다. 진정한 사람이 되려면 하나님과 교제해야 한다. 나의 생각과 감정을 나누고 하나님의 뜻에 나의 뜻을 맞추어 나가는 교제를 할 때, 비로소 사람다운 사람이 될 수 있다. 또한 우리는 다른 사람을 존중할 때 사람다운 사람이 된다. 고대에는 왕의 형상을 모독하는 것이 곧 왕을 모독하는 것이었다. 모든 사람은 하나님의 형상이다. 사람을 사랑하는 것이 곧 하나님을 사랑하는 것이다. 더 나아가 우리는 내가 속한 공동체에서 창조적인 사역을 감당해야 한다. 하나님이 주시는 양심과 자기 인식과 영적 분별력을 가지고 하나님의 통치영역들을 다스려야 한다. 하나님과 사람과 자연과 공동체의 관계 속에서 자기 역할을 신실하게 감당하는 사람이 진정 하나님의 사람이다.

적용 및 결단을 위한 질문

❶ 여러분은 하나님의 형상으로 창조된 사람으로서 하나님과 인격적인 교제를 하고 있습니까?

❷ 하나님은 창조 세계를 사람에게 맡기셨습니다. 여러분은 여러분이 속한 공동체에서 하나님의 뜻대로 맡은 책임과 역할을 다하고 있습니까?

04 흙, 생령, 그리고 아담

| 본문 창세기 2:4-25

| 외울말씀 여호와 하나님이 땅의 흙으로 사람을 지으시고 생기를 그 코에 불어넣으시니 사람이 생령이 되니라 (7절)

도입을 위한 글

그리스도 안에서 새로운 피조물로 거듭나기 전, 우리는 한 줌의 흙덩어리에 불과했다. 주님은 이 한 줌의 흙을 위해 피 한 방울, 물 한 방울도 없이 다 쏟으셨다. 강도나 무지한 자일지라도 주님은 순종하는 흙에 성령의 씨를 심으시고 동일한 사랑으로 가꾸어주신다. 물론 마음의 그릇이 비어있고 깨끗한 사람만이 그 사랑을 가득 담을 수 있다. 「불 속에라도 들어가서」라는 복음송을 만든 최수동 목사님은 두 다리를 잃었지만, 더 귀중한 믿음을 얻고 복음을 전하기 위해 불 속에라도 뛰어들겠다는 뜨거운 심령으로 장애인 전도에 앞장서고 있다. "내 능력이 약한 데서 온전하여짐이라"(고후 12:9). 우리는 육안으로 세상을 보지만, 주님은 영안으로 우리 마음의 중심을 보시고 판단하신다. 주님이 원하시는 것은 외모나 지식, 개인의 능력이나 장애의 정도가 아니라 바로 우리의 한 줌의 흙이다. 이 한 줌의 흙만 온전히 드리면 하나님은 그곳에 생명의 씨를 심으시고 새로운 피조물로 우리를 만드신다.

–강희주, 「쥐엄 열매의 묵상」

도입을 위한 질문

❶ 여러분은 자신에 대해서 열등감을 가지고 있습니까, 아니면 우월감을 가지고 있습니까?

❷ 삶의 현장에서 여러분이 감당하고 있는 역할들은 무엇입니까? 가능하면 많이, 그리고 상세하게 말해보십시오.

본문 질문

❶ 천지창조 첫째 날부터 넷째 날까지의 창조에 대한 보충설명을 보고 간략하게 정리해보십시오(4-6절).

* 내력이니(4절): "대충 이렇다"(현대인의 성경)는 의미이다.

❷ 흙으로 지음 받은 사람이 어떻게 생령이 되었습니까?(7절)

* 생령(7절): "생명체"(표준새번역)라는 의미이다.

❸ 하나님은 무엇을 창설하시고 그곳에 무엇을 두셨습니까?(8절)

❹ 에덴 동산은 장차 예수님을 통해 임하게 될 새 하늘과 새 땅의 예표입니다. 9-14절과 요한계시록 22:1-2에 공통적으로 등장하는 것은 무엇입니까?

❺ 다음 글을 읽고, '에덴'과 '아단'을 결정하게 만드는 것이 무엇인지 정리해보십시오.

> 아담과 하와가 죄를 범한 곳은 악이 창궐하는 세상이 아니었다. 가난과 질병의 질곡도 아니었다. 그들이 죄를 범한 곳은 바로 에덴 동산이었다. 부족함이라곤 아무것도 없는, 모든 것이 차고 넘치는 지상의 낙원 속에서 그들은 선악과를 먹지 말라는 하나님의 말씀을 멸시하고 말았다. 다윗의 상황 또한 마찬가지였다. 하나님께서 다윗에게 허락하신 왕국이 그에겐 에덴이었다. 그러나 다윗은 그 에덴에서 '아단'(에덴의 재귀동사, '주색에 빠지다'란 뜻)에 빠지고 말았다. 하나님보다 하나님께서 주신 것들을, 하나님보다 왕좌에 앉아있는 자신을 더 크고 귀하게 여긴 것이다. 아담과 하와, 그리고 다윗은 그들 인생의 최정점에서, 모두가 부러워할 에덴에서 어처구니없게도 '아단'으로 전락했다. 그들은 인생의 최절정기에서 허망한 욕망을 위해 자기 생명을 깎아 먹는 어리석음을 범한 것이다. —이재철, 「인간의 일생」

❻ 하나님의 대리자였던 사람은 자연과 하나님과 다른 사람에 대한 각각의 역할과 책임이 있었습니다. 다음의 표를 통해 정리해보십시오(15–20절).

* 경작하며 지키게 하시고(15절): 노동을 통해 자연을 잘 가꾸고 관리하는 것을 의미한다. 노동은 인간의 본질이며, 하나님의 일에 참여하는 것이다.

* 동산 각종 나무의 열매(16절), 선악을 알게 하는 나무의 열매(17절): 임의로 먹을 수 있는 열매의 숫자와 금지된 열매의 수가 비교되지 않는다. 이는 인간의 자유의지에 의한 선택권과 피조물로서 순종해야 할 의무가 어우러진 하나님의 배려였다.

대상	역할과 책임	관련 구절
자연	노동의 책임	15절: 그것을 (　　　)하며 (　　　　　　) 하시고
	이름 창조의 역할	19절: 아담이 각 생물을 부르는 것이 곧 그 (　　　)이 되었더라

하나님	하나님의 말씀에 순종해야 할 책임	16-17절: 각종 나무의 열매는 네가 임의로 먹되 선악을 알게 하는 나무의 열매는 (　　　　　　)
다른 사람	더불어 사는 역할	18절: 사람이 (　　　　) 사는 것이 좋지 아니하니
	돕는 역할	20b절: 아담이 (　　　　　　　)이 없으므로

❼ 남자와 여자는 서로 동등하고 상호보완적이며 의존적인 존재입니다. 하나님은 아담의 돕는 배필인 여자를 어디에서 취하여 만드셨습니까?(21-22절)

❽ 하나님께서 공인하신 최초의 공동체는 부부입니다. 남자와 여자의 결혼 원리를 정리해보십시오(24-25절).

	말씀	원리
24절		부모로부터 공간적, 정서적 독립
24절		사랑과 신뢰의 관계 형성
25절		부끄러움이 없는 참된 연합

더 깊은 연구와 묵상을 위하여

❶ 여러분은 흙인 동시에 하나님의 숨을 가진 존귀한 생명체입니다. 여러분은 여러분의 인간적인 한계와 존귀함을 동시에 인정하고 있습니까?

❷ 하나님은 여러분에게도 여러분만의 에덴 동산을 맡기셨습니다. 그곳에서 여러분이 감당해야 할 역할과 책임은 무엇입니까?

적용을 위한 글

사람의 육체는 산소, 수소, 탄소와 같은 14가지의 화학 요소로 구성되어 있다. 이는 흙을 구성하고 있는 화학 요소와 매우 흡사하다. 하지만 사람은 흙, 그 이상이다. 왜냐하면 하나님이 직접 부어주신 생명이 있기 때문이다. 사람 안에 하나님의 숨이 있고, 호흡이 있는 것이다. 따라서 사람은 하나님이 맡기신 역할과 책임을 다하며 말씀에 순종할 때 참된 생명체가 될 수 있다. 나만의 에덴 동산에서 하나님, 사람, 자연에 대한 책임을 다하자. 특히, 배우자에게 잘해야 한다. 배우자와의 연합은 하나님이 창조하신 최고의 작품이기 때문이다. 남자와 여자가 하나가 될 때 비로소 참된 사람이 되는 것이다. 배우자를 희생시키거나, 그 위에 군림해서도 안 된다. 서로 동등한 입장에서 사랑하고 신뢰하며 도와야 한다. 따라서 결혼은 배우자를 돕기 위해서 하는 것이며, 이 참된 연합으로 공동체가 될 때 행복이 찾아오게 된다.

적용 및 결단을 위한 질문

❶ 사람은 하나님의 명령에 순종할 때에만 자유로울 수 있습니다. 요즘 여러분은 하나님의 말씀을 잘 듣고 순종합니까?

❷ 누구보다도 배우자와의 관계가 가장 중요하고, 어떤 것보다도 배우자를 돕는 일이 더 중요합니다. 여러분이 배우자에게 더욱 정성을 다하기 위해 힘써야 하거나 고쳐야 할 점은 무엇인지 함께 나눠보십시오.

05 네가 어디 있느냐

본문 창세기 3:1-13

외울말씀 여호와 하나님이 아담을 부르시며 그에게 이르시되 네가 어디 있느냐 (9절)

도입을 위한 글

독사 중 가장 무서운 독사는 열대 우림의 깊은 정글에 사는 '부시 마스터'(Bush Master)로 알려져 있다. '조용한 죽음을 가져온다'는 뜻의 부시 마스터에게 물리면, 그 생물은 10분 내로 죽고 만다. 그런데 부시 마스터는 너무나 아름다워서 숲속에서 직접 보면 가까이 하고 싶은 충동이 일어날 정도라고 한다. 사탄이 바로 이러하다. 광명의 천사로 위장하고 접근하여 신앙생활의 길목에 숨어있다가 우리를 물고 넘어뜨린다. 사탄은 하와에게 선악과를 따 먹으라고 유혹할 때 '하나님 같이 된다'며 명예욕을 자극하였다. 사탄은 지금도 우리에게 명예와 물질적 부요로 접근해 우리를 망하게 한다. 이에 우리는 신앙의 경계를 늦추지 말고, 사탄의 유혹을 분별하여 지켜야 한다.

–김경원, 국민일보「겨자씨」

도입을 위한 질문

❶ 독사와 유혹의 공통점은 무엇입니까?

❷ 여러분이 가장 이기기 힘든 유혹은 무엇입니까?

본문 질문

❶ 하나님이 지으신 들짐승 중에 가장 간교하며, 여자에게 대화를 시도한 존재는 무엇입니까?(1절)

* 뱀(1절): 고대에서 뱀은 지혜와 죽음의 상징물이었다. 뱀의 독은 죽음을, 뱀의 눈은 불가사의한 지혜와 연관되었다. 또한 뱀은 땅이나 저승 세계의 통치자로 원시적 혼돈의 전형이었다.

❷ 뱀과 여자 사이에 '지혜의 대화'(wisdom dialogue)가 오갑니다. 특히, 뱀의 질문은 매우 간교합니다(1절). 창세기 2:16-17의 하나님 말씀과 1절의 뱀의 질문을 비교해보십시오.

* 뱀은 하나님의 말씀을 가감하고 조합해서 자신만의 지혜의 말로 바꾼다.

하나님(창 2:16-17)	뱀(1절)

❸ 여자는 뱀에게 대답했지만, 왜곡된 대답을 했습니다. 여자는 하나님의 말씀(창 2:16-17)에서 어떤 부분을 왜곡, 추가, 삭제시켰습니까?(3절)

하나님의 말씀	→	여자의 왜곡된 대답
선악을 알게 하는 나무의 열매는	왜곡	

먹지 말라	동일	
	추가	
네가 먹는 날에는 반드시	삭제	
죽으리라 하시니라	왜곡	

❹ 뱀의 말은 완전한 거짓이었습니다. 뱀은 여자에게 하나님의 말씀에 불순종하면 어떤 유익을 얻을 것이라고 부추겼습니까?(4-5절)

❺ 다음 글을 읽고, 유혹을 이기는 방법에 대해서 정리해보십시오.

사탄이 한 청년에게 열 개의 병을 보여주면서 "이 열 개의 병 중 단 하나에 독약이 들어있다. 이 가운데 하나를 마시면, 엄청난 돈을 주겠다"고 제안했다. 청년은 재물의 유혹에 '딱 한 번만'이라는 생각으로 한 병을 골라 마셨다. 그리고 청년은 환호성을 질렀다. "야, 내가 살았구나!" 사탄은 청년에게 엄청난 돈을 주면서 언제든 아홉 개 중의 하나를 마시면 돈을 두 배로 주겠다고 말을 한 뒤 사라졌다. 그 후, 청년은 세월을 방탕하게 보냈고 돈이 떨어지면 사탄을 불러냈다. 어느덧 청년은 백발노인이 되었다. 이제 딱 두 병만이 남았다. 노인은 떨리는 손으로 그 둘 중에 하나를 골라 마셨고, 끝까지 살아남자 기뻐했다. 그러나 사탄은 남은 마지막 한 병의 물을 마시며 "처음부터 독약이란 없었지. 그러나 너는 돈이라는 독약에 중독되어 이미 죽어가고 있지"라고 말하며 유유히 사라졌다. 재물에 대한 욕심은 우리의 삶을 망가뜨리고 사망을 가져온다는 사실을 기억해야 한다. 재물은 내가 다스려야 할 대상일 뿐이다.

❻ 여자는 뱀의 음성을 듣고 얼굴을 돌려 나무를 보았을 때 어떤 마음이 들었습니까?(6절)

* 본즉…한(6절): 선악과를 본 여자의 호기심이 발동했음을 알 수 있다.

❼ 뱀의 말대로 열매를 먹으면 눈이 밝아져 하나님처럼 될 줄 알았는데, 오히려 눈이 밝아진 그들은 자기와 하나님에 대해 어떤 마음을 품게 되었습니까?(7–10절)

❽ 하나님의 낯을 피해 숨은 아담과 그의 아내에게 하나님이 하신 질문은 무엇입니까?(9절)

❾ 하나님은 그들에게 불순종에 대한 책임을 물으셨습니다. 그때 아담과 여자는 어떤 태도를 보였습니까?(11–13절)

더 깊은 연구와 묵상을 위하여

❶ 여러분은 하나님의 말씀을 바르게 이해하기 위해서 어떤 노력을 합니까?

❷ "네가 어디 있느냐"(9절)는 하나님의 질문은 여러분 신앙의 현주소를 묻는 것이기도 합니다. 여러분은 지금 어디에 있습니까?

적용을 위한 글

천지창조가 이루어지던 태초에도 혼돈과 어둠의 세력은 있었다. 최초의 인간이 살던 에덴 동산도 마찬가지였다. 혼돈의 세력인 사탄은 지금 이 시대에도 존재한다. 온 우주를 통치하시는 하나님은 선과 악을 모두 관장하신다. 하나님이 악의 세력을 허용하시는 이유를 우리는 정확히 알 수 없다. 다만 하나님의 뜻 안에 혼돈의 세력도 허용되고 있음을 인정해야 한다. 최초의 인간은 혼돈의 세력과 싸움에서 실패했다. 선악을 알게 하는 나무는 최초의 인간들에게만 주어진 것이 아니라 지금 우리의 삶에서 매 순간 만나게 된다. 우리는 그 나무 앞에서 선택해야 한다. 그리고 그 선택에 대한 책임을 하나님이나 다른 사람에게 전가해서는 안 된다. 내 안에 계시는 성령께 복종함으로 하나님의 말씀을 분별하여 그 말씀대로 순종하며 나아가야 한다.

적용 및 결단을 위한 질문

❶ 지금 여러분의 귀에 하나님을 오해하게 하고 여러분의 욕망을 일으키려는 뱀의 목소리가 들리지는 않습니까? 말씀에 순종하는 것이 부질없는 일이라는 소리를 듣지 않기 위해서 여러분은 어떤 노력을 하고 있습니까?

❷ 죄는 여러분이 죄책감을 느끼게 하고, 하나님에 대한 왜곡된 두려움을 줍니다. 여러분의 죄를 하나님 앞에서 회개해보십시오.

06 사람을 쫓아내시고

본문 창세기 3:14-24

외울말씀 이같이 하나님이 그 사람을 쫓아내시고 에덴 동산 동쪽에 그룹들과 두루 도는 불 칼을 두어 생명 나무의 길을 지키게 하시니라 (24절)

도입을 위한 글

혹시 '내놓은 자식'이라는 말을 들어 봤는가? 부모가 자식에게 아무리 노력을 기울여도 가망이 없으면, 결국 포기하고 내놓는 것을 의미한다. 그러나 하나님은 포기하시지 않는다. 언약 백성에 대한 하나님의 열심은 탁월하시다. 하나님은 우리를 영원히 버리시지 않는다는 징표로 우리가 잘못할 때 징벌하신다. 세상의 창조주이자 통치자이신 그분은 뛰어난 지성과 의지로 인간의 역사에 개입하셔서 자신의 뜻을 이루신다. 종종 목회 현장에서 '하나님은 내가 아무렇게나 살아도 내버려두실 거야. 내게 일어나고 있는 기분 나쁘고 불쾌한 일들은 모두 하나님과 상관없이 재수가 없어서 일어난 것 뿐이야'라고 생각하는 사람들을 만난다. 그리고 그때마다 나는 "당신은 하나님을 우상 숭배하듯 섬기고 있군요"라고 충고한다. 왜냐하면 이것은 우리가 원하는 하나님을 스스로 만들어 그것을 하나님이라 생각하며 섬기는 것이기 때문이다. 우리가 사랑하고 섬겨야 할 하나님은 우리의 편견으로 만들어 낸 하나님이 아닌, 성경의 하나님이시다. 그러므로 우리는 이러한 우상 숭배적인 사고방식을 반드시 버려야 한다. —김남준, 「역사를 움직이는 하나님의 일꾼」

도입을 위한 질문

❶ 여러분은 '내놓은 자식'이 어떤 의미라고 생각합니까?

❷ 정말 자녀를 사랑하는 부모라면, 자녀가 잘못을 했을 때 어떻게 합니까?

본문 질문

❶ 뱀은 간교한 거짓말로 사람이 죄를 짓도록 부추겼습니다. 하나님은 이런 뱀에게 어떤 저주를 내리셨습니까?(14절)

❷ 뱀(사탄)은 여자의 후손(예수님)과 원수가 되었습니다. 하나님은 훗날 뱀과 여자의 후손은 서로에게 어떤 상처를 줄 것이라고 말씀합니까?(15절)

❸ 하나님은 죄를 지은 여자에게 어떤 징계를 내리셨습니까?(16절)

* 고난과 한계는 형벌의 성격만 있는 것이 아니다. 고난과 한계를 인정하며 하나님 앞에서 겸손하게 나아가면 다시 복을 받을 수 있는 구원의 길로 가게 된다. "그러나 여자들이 만일 정숙함으로써 믿음과 사랑과 거룩함에 거하면 그의 해산함으로 구원을 얻으리라"(딤전 2:15).

❹ 하나님은 죄를 지은 아담에게도 징계를 내리셨습니다. 범죄 이전과 이후의 노동에 대한 관점은 어떻게 변했습니까?(17-19절)

* 하나님은 타락한 인간에게 수고의 대가를 먹으며 살다가 흙으로 돌아가는 새로운 질서를 주셨다. 이 새 질서를 잘 받아들이면 하나님과 자연과 회복된 관계를 누릴 수 있다. 노동은 절대 천한 것이 아니다.

	범죄 이전	범죄 이후 (새 질서)
땅	아담으로 인해 복을 받음	17절: 아담으로 인해 (　　　)를 받음 18절: 가시덤불과 (　　　　　)를 냄
노동	기쁨과 즐거움	17절: 평생에 (　　　)하여야 함 19절: 얼굴에 (　　　)을 흘려야 함

❺ 다음 글을 읽고 하나님께서 주신 노동의 축복에 대해 정리해보십시오.

하루는 실바누스가 생활하는 수도원에 젊은 수도사가 찾아왔다. 그는 여러 수도사들이 땀 흘리며 일하는 것을 보고 말했다. "여러분은 어째서 썩어질 것을 위해서 수고합니까? 마리아가 마르다보다 예수님께 칭찬받은 것같이 여러분도 일하기보다 성경 읽기와 기도에 힘써야 하지 않습니까?" 그러자 실바누스는 자신의 제자에게 이렇게 일렀다. "저 형제에게 성경을 주어 기도실에서 읽도록 하게." 젊은 수도사는 성경을 열심히 읽다가 배가 고파 저녁 식사 시간이 되기만을 기다리고 있었다. 그러나 시간이 한참 지나도 저녁을 먹으러 오라는 소리가 없었다. 그는 실바누스를 찾아갔다. "선생님, 오늘은 저녁 식사를 하지 않습니까?" 그러나 이미 다른 수도사들은 식사를 끝낸 뒤였다. 자신에게 식사 시간을 일러주지 않은 이유를 따지자 실바누스가 대답했다. "자네는 영적인 사람인데 무슨 썩어질 양식이 필요한가? 우리는 육체의 노동을 하지만 자네는 더 좋은 일인 기도와 성경 읽기를 하지 않았나. 자네는 온종일 하늘의 양식을 먹는데 어째서 육의 양식이 필요한가?" 이 말에 깨우침을 받은 젊은 수도사는 그에게 용서를 구했다. 그러자 실바누스가 말했다. "마르다는 마리아를 위해서 꼭 필요한 존재였다네. 마르다의 땀 흘린 수고가 있었기에 마리아가 예수님께 칭찬을 들은 것일세."

—유재덕, 「청소년을 변화시키는 이야기 131가지」

❻ 아담은 “흙으로 돌아갈 것이니라”(19절)라는 죽음의 선고를 받은 후 아내의 이름을 무엇이라고 불렀습니까? 또한 그 이름의 뜻은 무엇입니까?(20절)

* 이는 아담이 15절에서 하나님이 말씀한 여자의 후손(예수님)에 대한 약속을 믿음으로 받아들였다는 증거이다.

❼ 하나님은 아담과 그의 아내를 위해 무엇을 지어 입히셨습니까?(21절)

* 인간의 불순종에도 여전히 인간을 보호하시는 하나님의 사랑을 엿볼 수 있다.

❽ 범죄한 사람이 영원한 저주 가운데 거하는 불행을 막기 위해서 하나님은 어떤 조치를 내리셨습니까?(22-24절)

* 그룹들(24절): 천사들을 말한다.

더 깊은 연구와 묵상을 위하여

❶ 계속되는 어둠의 유혹과 시험 때문에 힘들고 지쳐있습니까? 그럼에도 여러분의 영적 싸움은 승리가 보장되어 있다는 것을 알고 있습니까?

❷ 아담과 하와는 가죽옷을 보면서 하나님의 은혜에 감사하는 동시에 자신들의 불순종을 뉘우치는 채찍으로 삼았을 것입니다. 여러분은 여러분의 가죽옷인 십자가를 바라보면서 하나님의 은혜에 감사하며 죄에 대한 경각심을 갖고 있습니까?

적용을 위한 글

하나님과 같아지려는 욕망을 참지 못해 범죄한 인간은 결국 에덴 동산에서 쫓겨났다. 에덴 동산에서는 풍성한 물과 과실을 수고함 없이 얻을 수 있었지만, 밖에서는 땀 흘려 일해야만 대가를 얻게 되었다. 축복과 기쁨의 노동이 저주와 고통으로 변했다. 부부간의 사랑도, 자녀를 낳는 것도 많은 수고가 뒤따르게 되었다. 하지만 우리는 저주와 수고라는 새로운 질서 가운데 하나님의 은혜가 멈추지 않고 있음을 주목해야 한다. 여자의 후손에 대한 약속과 땅이 열매를 내도록 열어주신 것, 가죽옷, 선악을 알게 된 사람이 그것으로 다시 죄를 짓지 않도록 에덴 동산을 폐쇄한 일 등에서 어떤 일이 있더라도 한결같이 인간을 사랑하시는 하나님의 사랑을 느낄 수 있다.

적용 및 결단을 위한 질문

❶ 노동의 수고는 사람의 타락 후 하나님이 주신 새로운 질서입니다. 여러분은 새로운 질서 안에서 하나님이 맡기신 노동에 최선을 다하고 있는지 생각해 보십시오.

❷ 에덴 동산 동쪽의 막힌 길을 예수님이 여셨습니다. 그리고 예수님의 죽음으로 성전 휘장을 찢으셨습니다. 오늘도 여러분은 예수님과 함께 하나님의 보좌(에덴 동산)로 나아가고 있습니까?

07 죄를 다스릴지니라

본문 창세기 4:1-15

외울말씀 네가 선을 행하면 어찌 낯을 들지 못하겠느냐 선을 행하지 아니하면 죄가 문에 엎드려 있느니라 죄가 너를 원하나 너는 죄를 다스릴지니라 (7절)

도입을 위한 글

인육(人肉)을 먹은 조직폭력단이 검거되어 화제가 되었던 사건이 있었다. 사람들은 그들을 향하여 침을 뱉고 욕을 했다. 그러나 그러한 사람들의 마음속에도 그들과 같은 적개심과 살의가 가득하다면 감히 누가 그들을 향하여 돌을 던질 수 있는가? 가인의 마음은 지금도 우리의 내면에서 꿈틀거리고 있다. 간음한 여인을 끌고 온 유대인들이 예수님 앞에서 분노하지만 그들의 내면에도 간음의 욕구가 잠재되어 있음을 깨달았기 때문에 그들은 스스로 돌을 버리고 물러갔다. 율법으로 포장된 그들의 마음속에는 온갖 더러움이 내재 되어 있다는 것을 그들은 그 순간에 알게 되었을 것이다.

도입을 위한 질문

❶ 여러분은 어떤 경우에 사람을 미워하게 됩니까?

❷ 여러분은 그 마음을 어떻게 다스립니까?

본문 질문

❶ 타락한 후 인간들(하와, 가인, 아벨)은 수고스러운 출산과 노동의 새 질서에 어떻게 반응했습니까?(1–2절)

출산(1–2절)	노동(2절)

❷ 가인과 아벨은 각각 자신들의 노동을 통해 얻은 것으로 여호와께 제물을 드립니다. 그들은 각각 무엇을 드렸습니까?(3–4절)

❸ 여호와께서는 가인의 제물을 거절하셨습니다. 가인은 이에 대해 어떤 반응을 보였습니까?(5절)

* 가인은 온전한 믿음과 하나님을 경외하는 마음 없이 제물을 드렸기 때문에(히 11:4) 하나님이 거절하셨다.

❹ 가인을 향한 하나님의 질문을 통해 가인의 스스로에 대한 열심과 자랑, 그리고 경쟁과 시기심이 드러납니다. 하나님은 가인의 순수하지 못한 마음이 죄로 발전할 것을 보시고 그에게 무엇이라고 말씀합니까?(6–7절)

❺ 다음 글을 읽고 미움을 이기는 방법에 대해서 정리해보십시오.

홀리데이인(Holyday Inn)의 창업자인 케몬스 윌슨(Kemmons Wilson)의 이야기다. 미국 제재소 직원이었던 그는 어느 날 아침, 자신의 책상에 해고 통지서가 있는 것을 보았다. 아무런 설명도 없이 황당하게 해고된 그는 굉장히 화가 났고 직장과 자기 상관에 대한 복수심이 끓어올랐다. 그는 제재소 옆에 똑같은 제재소를 만들까 했지만 자본이 없었다. 그는 모든 것을 포기하는 심정으로 집을 나갔다. 여러 달 동안 방황하면서 모든 것을 잊으려 했지만 잊을 수가 없었다. 그는 가진 돈을 모두 다 써버리고 다시 집에 돌아와 아내에게 이렇게 말했다. "여보, 나는 자살하고 싶어. 모든 노력을 다했지만 아무것도 되는 일이 없어." 그러자 아내가 대답했다. "여보, 당신이 한 가지 시도하지 않은 일이 있어요. 당신은 당신이 처한 상황과 문제에 대해서 진지하게 기도해본 적이 없잖아요." 아내의 말에 윌슨은 기도하기 시작했고 새로운 힘을 얻어 재기하게 되었다.

❻ 가인은 하나님의 경고에도 죄를 다스리지 못하고 어떤 죄를 짓습니까?(8절)

❼ 아우 아벨을 쳐죽인 가인은 어떤 벌을 받게 되었습니까?(10-12절)

* 땅을 경작하고 땅과 함께 살던 가인은 땅으로부터 철저하게 외면당하게 되었다.

❽ 뉘우치기는커녕 자신의 죄벌이 무겁다고 하는 가인에게도 하나님은 또 다시 은총을 베푸십니다. 하나님이 가인에게 약속하신 것은 무엇입니까?(15절)

더 깊은 연구와 묵상을 위하여

❶ 미움은 결국 살인으로 이어졌습니다. 예수님은 미움이 모든 문제의 근원이기 때문에 미움이 없어야 한다고 말씀합니다(마 5:21-22). 여러분은 미워하는 사람이 있습니까?

❷ 아우를 죽인 가인에게도 하나님은 호의를 베푸셨습니다. 이런 일들은 세상에 비일비재(非一非再)합니다. 악하게 사는 사람들이 더 잘되는 것에 대해 어떻게 생각합니까?

적용을 위한 글

하나님께 드리는 예배에 실패하면 사람과의 관계도 실패하게 된다. 하나님을 경외하는 것이 곧 우리가 사는 길이다. 타락한 인간의 내면에는 비교의식, 경쟁의식, 시기심, 질투심, 미움이라는 혼돈과 무질서가 양산되어 있다. 이런 마음들을 잘 다스리라고 하나님은 우리에게 경고하신다. 죄에 대한 책임은 인간 스스로에게 있기 때문이다. 본문에는 드러나 있지 않지만, 아마도 가인은 제사를 드릴 때에도 하나님께 집중하지 않고 동생 아벨과 비교하면서 우월의식을 가졌을 것이다. 그리고 하나님 앞에서 겸손하지도 않았다. 제사를 받지 않으신 하나님께 대항하고 벌을 내리신 하나님께 항변만 했다.

적용 및 결단을 위한 질문

❶ 여러분은 하나님이 기뻐하시는 예배를 드리고 있습니까? 이사야 1:10-17과 마태복음 5:23-24을 읽으면서 이에 대해 더 깊이 묵상해보십시오.

❷ 살인은 탐욕으로 인해 창조의 질서와 조화를 깨뜨린 행동이었습니다. 여러분이 경계해야 할 탐욕은 무엇인지 함께 나눠보십시오.

08 여호와 앞을 떠나서

본문 창세기 4:16-26

외울말씀 가인이 여호와 앞을 떠나서 에덴 동쪽 놋 땅에 거주하더니 (16절)

도입을 위한 글

요즘 '웰빙'(Wellbeing)이라는 단어가 새롭게 부각되고 있다. 21세기를 살아가는 사람들에게 '웰빙'은 행복의 조건이 되었다. 서양 사람들은 웰빙을 위해 영양제나 비타민 정도를 먹는데 비해 한국 사람들은 곰쓸개, 곰발바닥, 독사 등 몸에 좋다고 하면 무엇이든지 먹는다. 그러나 그렇게 해서 우리의 육신과 영혼이 강건해지는 것은 아니다. 우리가 예수님의 품 안에 있을 때에만 건강한 삶을 누리게 된다. 종종 시골길에서 운전을 하다 보면 차에 깔려 죽은 개와 고양이의 모습을 보곤 한다. 자기들의 울타리 밖으로 나왔기에 당하는 처참한 사고다. 안전하게 살아가는 길은 안에 있는 것이다. 밖에서는 제 아무리 조심해도 사고를 만날 수밖에 없다. 하나님의 영원하신 팔에, 그의 처소에 거하면서 살 때 참된 '웰빙'을 누릴 수 있다. 예수님 팔 안에 있느냐, 예수님 팔 밖에 있느냐가 중요한 조건인 것이다. 여러분의 웰빙 조건은 무엇인가?

-김장환, 「큐티 365」

도입을 위한 질문

❶ 그리스도인의 물질적 이익을 위한 투자에 대해 어떻게 생각합니까?

❷ '웰빙'은 성경적인 단어라고 생각합니까?

본문 질문

❶ 가인은 "너는 땅에서 피하며 유리하는 자가 되리라"(창 4:12)는 하나님의 형벌을 무시한 채, 어디에서 거주했습니까?(16절)

❷ 가인은 땅에서의 안정된 삶을 위해서 무엇을 쌓고 거기에 어떤 이름을 붙입니까?(17절)

❸ 가인의 후손 라멕은 한 남자가 한 여자와 연합하는 거룩한 결혼의 원리를 어떻게 깨뜨렸습니까?(19절)

* 두 아내(19절): 이는 일부다처(一夫多妻) 풍습의 발생을 의미한다.

❹ 가인의 후손 야발은 땀 흘려 일해야 먹게 되는 하나님의 노동 원리를 어떻게 파괴했습니까?(20절)

* 가축을 길들여서 농사에 사용하는 것은 땀을 덜 흘리기 위한 방편이었다.

❺ 다음 글을 읽고 노동을 하나님의 선물로 생각하는 사람은 어떻게 살아야 할지 정리해보십시오.

> 하나님이 인간에게 주신 대표적인 선물 세 가지가 있다. 그것은 혼인과 안식일과 노동이다. 그 중에서도 땀 흘려 일할 수 있다는 것은 가장 큰 복이다. 그러나 오늘날 우리 사회는 일을 천시하면서 되도록 더 편한 직업을 선호한다. 그래서 모두 일확천금(一攫千金)과 배금사상(拜金思想)에 물들어있다. 그리스도인들의 기도에도 이러한 생각들이 깃들어있다. 성경은 "네가 네 손이 수고한 대로 먹을 것이라 네가 복되고 형통하리로다"(시 128:2)라고 말씀한다. 열심히 일하는 삶에서 기쁨과 행복을 느끼는 것이 진정 행복한 삶이다.
>
> −이정익

❻ 유발과 두발가인은 어떤 문화를 만들었습니까?(21−22절)

* 유발이 만든 음악은 저주의 슬픔을 달래기 위한 것으로 하나님을 떠난 음악이었다. 두발가인이 기구를 만든 의도는 야발과 같이 땀을 덜 흘리고 더 많은 것을 수확하려는 것이었다.

❼ 라멕은 자신의 아내들에게 무엇을 자랑하듯 떠벌렸습니까?(23−24절)

* 라멕은 하나님의 보호 약속을 흉내 냈다. 이는 자기가 스스로를 지킬 수 있다는 자만의 표현이었다.

❽ 하나님은 하나님을 경외하는 새로운 세대의 시작으로, 아담에게 아벨 대신 누구를 주셨습니까?(25−26절)

더 깊은 연구와 묵상을 위하여

❶ 가인과 그의 후손들의 공통점은 무엇입니까?

❷ 여러분은 혹시 하나님의 뜻을 떠나 만들어진 문화를 따르고 있지 않습니까?

적용을 위한 글

가인은 하나님의 명령을 어기고 땅을 소유하며 성을 쌓았다. 인간은 하나님의 소유인 땅을 빌려서 쓰는 종이 되어야 하는데 말이다. 그리고 성 안에서 인간의 탐욕을 추구하기 위한 도구들을 만들었다. 그의 후손들 또한 일부다처(一夫多妻)의 새로운 결혼제도와 장막을 만들고 가축과 농기구, 음악을 만들었다. 하지만 이러한 것들은 인간의 탐욕을 더욱 증폭시켜 가인이 저질렀던 죄악을 그의 후손들이 답습하게 할 뿐이였다. 하나님을 떠난 인간들이 만들어낸 문명은 범죄와 무질서를 재생산할 뿐이다.

적용 및 결단을 위한 질문

❶ 여러분은 영원한 하나님 나라와 세상의 이익과 권력 중 어느 것에 마음을 두고 있는지 스스로를 돌아보십시오.

❷ 하나님을 떠난 사람들이 성공하는 것같이 보이는 세상에서 여러분은 여호와의 의로운 백성으로 살아가기 위해 어떤 노력을 하고 있습니까?

09 하나님과 동행하더니

본문 창세기 5:1-32

외울말씀 에녹이 하나님과 동행하더니 하나님이 그를 데려가시므로 세상에 있지 아니하였더라 (24절)

도입을 위한 글

소설 「여자의 일생」을 쓴 작가 기 드 모파상(Guy de Maupassant)은 신학생이었지만 방탕한 생활로 인해 학교에서 퇴학을 당했고, 주님이 아닌 자기가 주인인 인생을 살았다. 그 후, 문학에 뜻을 둔 그는 글을 쓴지 10년 만에 유명한 작가가 되어 돈을 많이 벌게 되었다. 그 돈으로 호화로운 생활을 했고, 여러 여자들을 만나며 쾌락을 즐겼다. 비평가들은 그에게 끊임없는 찬사를 보냈고, 수많은 독자들이 그를 흠모했다. 그러나 어느 날부터 그는 눈병과 불면증에 시달리게 되었다. 1892년 1월 1일, 모파상은 새해를 맞이했지만 삶에 회의를 느껴 자살을 기도했다. 가까스로 목숨은 건졌으나 정신이상 판정을 받게 된 그는 몇 개월간 정신병원에서 치료를 받다가 43세의 나이로 세상을 떠났다. 그의 묘비에는 그가 말년에 자주 하던 말인 "나는 모든 것을 소유하고자 했지만 결국 아무것도 갖지 못했다"가 적혀있다. 그는 부자의 꿈을 이룬 것 같았지만, 영적으로는 처절하게 가난했다. 인생의 우선순위가 잘못되면 참된 복을 받지 못한다. 때문에 하나님이 여러분 인생의 주인이심을 인정해야 한다.

도입을 위한 질문

❶ 신학생이었던 모파상이 정신병과 자살로 생을 마친 이유는 무엇입니까?

❷ 인생의 우선순위가 어떠할 때 하나님의 복을 받을 수 있습니까?

본문 질문

❶ 창세기 5장에 나오는 아담의 계보는 생육하고 번성하라는 하나님의 복이 성취되었음을 보여줍니다. 하나님은 사람을 창조하시고 무엇을 주셨습니까?(1-2절)

❷ 창세기 5장의 아담의 족보가 창세기 4장의 가인의 족보와 다른 점은 무엇입니까?(3-5절)

* 가인의 후손들이 비록 화려한 문명을 이룩했다 해도 그들의 나이는 기록되지 않았다.

❸ 장수가 축복의 필수조건은 아닙니다. 하나님이 데려가셔서 죽음을 보지 않은 에녹은 몇 세까지 살았습니까?(23절)

* 아담 930세, 셋 912세, 에노스 905세, 게난 910세, 마할랄렐 962세를 살았다. 하나님의 삶에서는 얼마나 사느냐가 중요한 것이 아니라 어떠한 삶을 살았느냐가 중요하다.

❹ 창세기 4:17에 나오는 에녹과 24절의 에녹을 비교해보십시오(24절).

에녹(창 4:17)	에녹(24절)
( )의 후손	( )의 후손(창 4:25 참조)
자신의 이름으로 된 성에서 삶	( )과 동행하면서 삶

❺ 다음 글을 읽고 하나님이 기억하시는 인생에 대해서 정리해보십시오.

대부분의 사람들은 극장에서 영화가 끝나면 바로 일어나서 나온다. 하지만 나는 감동적인 영화를 보면 끝까지 자리에 남아 그 영화를 만든 사람들의 이름이 나오는 엔딩 크레딧(ending credit)을 보면서 마지막 여운을 더 음미한다. 하나의 영화를 만들기 위해 배우만이 아니라 감독, 시나리오, 조명, 촬영, 소품, 의상, 음악 등 수없이 많은 이들이 보이지 않는 곳에서 많은 수고를 한다. 나는 이렇게 아름다운 영화를 만든 이들에게 박수를 보낸다. 그들이 없었다면 훌륭한 영화는 탄생할 수 없다. 여러분의 삶도 마찬가지다. 여러분이 구원받아 하나님 품에 안겼을 때, 여러분의 삶이 복 되도록 도와준 여러 사람들의 이름들이 반드시 보일 것이다. 바울에게는 바나바가, 디모데에게는 바울이 있었다. 여러분도 다른 사람들의 삶에 이렇듯 아름다운 이름으로 남기를 바란다.

❻ 에녹은 어떤 시대를 살았으며, 어떠한 삶의 태도를 지니고 있었습니까?(유 1:14–16; 히 11:5)

❼ 셋의 후손 라멕은 가인의 후손 라멕과 달랐습니다. 셋의 후손 라멕은 182세에 낳은 아들의 이름을 무엇이라고 지었습니까?(28–29절)

더 깊은 연구와 묵상을 위하여

❶ 가인의 후손들이 세상의 문명을 지배하고 있을 때 셋의 후손들은 하나님과 동행하며 살았습니다. 여러분은 지금 어느 쪽에 가깝게 살고 있습니까?

❷ 노아의 아버지 라멕은 하나님의 위로를 기다렸습니다. 여러분은 현실적 어려움 앞에서 하나님의 위로를 구하고 있습니까?

적용을 위한 글

셋의 후손은 가인의 후손과 정반대로 살았다. 그들은 하나님과 동행하며, 조금 힘들지라도 하나님의 뜻대로 행했다. 땅과 함께 수고의 땀을 흘리며 매일의 삶을 살았다. 때문에 하나님은 셋의 후손을 인정해 주셨다. 아무리 이 땅에서 많은 것을 소유하고 더 높은 자리에 앉는다 해도 하나님은 그것을 인정하지 않으신다. 하나님의 복은 순종하는 자들의 것이다.

적용 및 결단을 위한 질문

❶ 성경에는 하나님과 동행한 셋의 후손들의 나이만 기록되어 있습니다. 이는 하나님이 그들을 인정하신다는 뜻입니다. 여러분의 인생 중 하나님께서 인정하실 만한 시간은 얼마나 될지 스스로를 돌아보십시오.

❷ 에녹처럼 하나님과 동행하기 위해서 여러분이 더 노력해야 할 것은 무엇인지 함께 나눠보십시오.

10 한탄하사 마음에 근심하시고

본문 창세기 6:1-12

외울말씀 땅 위에 사람 지으셨음을 한탄하사 마음에 근심하시고 (6절)

도입을 위한 글

우리 교회의 한 성도는 20대 초반의 꽃다운 나이에 남편을 여의고 초등학교 교사로 일하면서 유복자인 아들을 정성껏 길러 목사가 되게 했다. 그녀는 항상 기도로 살았고, 교회가 삶의 중심터일 정도로 열심히 신앙생활을 했다. 하지만 사실 그 성도에게는 하나님보다 자식이 우상이었다. 자신의 외아들이 결혼을 하자 며느리와의 갈등이 시작되었고, 결국 며느리는 시어머니와의 갈등을 극복하지 못하고 집에서 쫓겨났다. 아들의 고통도 이만저만이 아니었다. 문제의 심각성을 안 그녀는 삼각산 기도원에서 2년 동안 울면서 기도했다. 그곳에서 회개한 그 성도는 성령이 충만해졌다. 그리고 성령께서 며느리도 회개하도록 임재하셔서 다시 화목한 가정이 되게 하셨다. 하나님과의 관계는 하나님의 일보다 중요하다. 하나님의 관심은 관계에 있다. 하나님과의 관계가 깨지면 다른 것도 모두 균형을 잃게 된다. –이철재

도입을 위한 질문

❶ 현대인들의 주된 관심은 무엇이라고 생각합니까?

❷ 요즘 여러분이 관심을 가지고 있는 것은 무엇입니까?

본문 질문

❶ 하나님은 사람이 땅 위에 번성하게 하셨습니다(1절). 이때 하나님의 아들들은 자기들의 아내를 선택할 때 어떻게 선택했습니까?(2절)

* 하나님의 아들들(2절): 성경 다른 곳에서는 천사들을 지칭하지만, 본문에서는 셋의 후손들을 지칭하는 것으로 보인다.
* 모든 여자(2절): 이는 일부다처(一夫多妻)를 의미한다.

❷ 하나님은 하나님을 떠난 인간에게서 무엇을 거두어 가셨습니까?(3절)

* 육신이 됨이라(3절): 이는 '하나님을 떠났다'는 문학적 표현이다.
* 백이십 년(3절): 대부분 800-900년을 살던 인간의 수명이 현저히 단축되었음을 의미한다.

❸ 하나님을 떠난 인간 사회의 무질서로 인해, 어떤 사람들이 생겨났습니까?(4절)

* 네피림(4절): 이는 특정한 인종이 아닌, 무술 수련자를 지칭한다. 용사의 등장은 힘을 숭상하는 사회 구조로 변해가는 것을 의미한다.

❹ 사람을 지으신 후 "심히 좋았더라"(창 1:31)고 말씀한 하나님이 이후에 이것을 한탄하고 근심하신 이유는 무엇입니까?(5-6절)

❺ 다음 글을 읽고 하나님이 기뻐하시는 사람과 한탄하시는 사람에 대해서 정리해보십시오.

미국 콜럼비아대학교 총장이었던 니콜라스 머레이(Nicholas Murray)는 세상에 세 부류의 사람이 있다고 말했다. 첫째는 개선하려고 노력하는 소수의 사람이다. 세상의 중요한 일은 언제나 이 소수가 하게 된다. 그래서 빌리 그레이엄(Billy Graham) 목사는 미국을 이끌어갈 하나님이 기뻐하시는 700명을 달라고 기도했다. 둘째는 일을 그르치는 사람들이다. 아놀드 토인비(Arnold Toynbee) 교수는 몇 사람의 정신병자 때문에 온 인류가 망한다고 말했다. 셋째는 잘못된 것을 보고도 방관하는 사람이다. 분명히 잘못된 것을 알면서도 모르는 척하는 이기주의자들 때문에 세상이 망가지고 있다. 그리스도인들은 세상을 변화시킬 수 있는 능력을 소유한 사람들이다. 그렇기에 그리스도인들은 세상을 이끌어가는 그 소수의 사람들이 되어야 한다. 그리스도인들이 세상의 빛이 되어야 한다. —김장환, 「큐티 365」

❻ 하나님은 포악이 가득한 땅에 대해 어떤 결정을 내리십니까?(7절)

* 하나님의 이러한 결정은 지구를 태초의 혼돈 상태(창 1:2)로 되돌리겠다는 뜻이었다.

❼ 노아는 어떤 사람이었습니까?(8절)

❽ 노아는 어떤 삶을 살아왔습니까?(9-10절)

더 깊은 연구와 묵상을 위하여

❶ 노아의 시대와 오늘날은 모두 힘을 숭상하는 시대입니다. 여러분이 얻고 싶은 힘은 무엇입니까?

❷ 지금 여러분의 모습은 하나님이 보시기에 좋은 상태입니까, 아니면 한탄하고 근심하는 상태입니까?

적용을 위한 글

인간들은 하나님이 주신 복으로 번성하기 시작했다. 하지만 그들은 점차 자신들의 눈에 아름답게 보이는 것과 유혹적인 것에 몰두하더니 하나님을 떠나 살기 시작했다. 그들은 잘 사는 것 같았고 모든 것이 잘 풀리는 것처럼 보였지만 하나님의 눈에는 그렇지 않았다. 세상에 질서를 부여해야 할 인간들이 오히려 세상을 무질서하게 어지럽히는 주범이 되었다. 그래서 하나님은 이것을 막기 위해 물로 심판할 것을 결정하시지만, 노아를 택하셔서 인간 세상에 긍휼을 베푸신다. 심판 중에도 긍휼을 잊지 않으시는 하나님이 계시기에 오늘날 우리는 이 땅에 존재할 수 있는 것이다.

적용 및 결단을 위한 질문

❶ 여러분은 노아 시대의 사람들처럼 여러분이 보기에 아름다운 것만 추구하고 있지는 않습니까? 아름답지 않고 좋아하지 않아도 말씀에 순종하려면 어떤 노력을 해야 하는지 함께 나눠보십시오.

❷ 인간 세상에 노아와 그의 가족들을 남겨 두신 것은 심판 중에도 긍휼을 잊지 않으시는 하나님의 사랑 표현입니다. 여러분은 오늘날 여러분이 살아가는 것이 하나님의 한없는 사랑이라는 것을 고백하고 있습니까?

11 명하신 대로 다 준행하였더라

본문 창세기 6:13-22

외울말씀 노아가 그와 같이 하여 하나님이 자기에게 명하신 대로 다 준행하였더라 (22절)

도입을 위한 글

댐을 조사하던 조사원들이 강 하류 마을로 내려가 주민들에게 근처 마을이나 안전한 곳으로 대피하라고 경고했다. 댐이 낡고 수리해야 할 부분이 많아 붕괴의 위험이 있다는 것이었다. 그러나 마을 주민들은 그들의 경고를 무시했다. "여기서 수십 년을 살았지만 아무런 일도 없었소. 그런데 갑자기 여길 버리고 어디로 가란 말이요? 뭔가 다른 음모가 있는 것 아니오?" 그해 가을 다시 조사원들이 나와 더 정밀한 조사를 한 결과, 지난 번보다 더 위험한 상황이라는 것을 알게 되었다. 조사원들은 다시 한 번 간곡하게 마을 사람들을 설득했다. 그러나 마을 사람들은 거절했다. 이듬해 봄, 다시 마을을 방문한 조사원들이 마지막 경고를 했지만 주민들은 끝까지 무시했다. 주민들이 마지막 경고를 받은 지 보름이 지난 후, 많은 비가 내렸고 댐은 결국 모두 무너졌다. 세 번의 경고를 무시했던 존스타운의 주민 2,200명은 삽시간에 몰살당했다. 이는 미국 역사상 최고의 대홍수 사건으로 남은 인재(人災)였다.

—윤영준, 「그 다음엔 또 어떻게」

도입을 위한 질문

❶ 존스타운의 주민 2,200명이 한꺼번에 몰살당한 이유는 무엇입니까?

❷ 여러분은 '더 유명하고 더 높고 더 많고 더 큰 것을 좇는 것이 오늘날의 흐름'이라는 견해에 대해 어떻게 생각합니까?

본문 질문

❶ 노아가 살았던 시대에 땅에는 무엇이 가득했습니까?(13절)

* 포악함(13절): 이는 '탐욕스러운 본능', '힘 있는 자가 저지르는 횡포'를 의미한다.

❷ 하나님은 노아에게 말씀한 "끝 날"은 어떤 날입니까?(13절)

❸ 하나님은 노아에게 방주를 만들라고 말씀하고 그 방법을 알려주십니다. 방주는 누구를 위한 것이었습니까?(14-16절)

❹ 구원의 길을 먼저 제시하신 하나님은 구원의 언약도 먼저 제시하십니다. 하나님의 언약 내용은 무엇입니까?(18-20절)

❺ 다음 글을 읽고 심판 중에도 구원의 길을 열어두시는 하나님에 대해 정리해 보십시오.

> 한 청년이 암벽을 타다 중간에서 올라가지도, 내려가지도 못하고 있었다. 조금 있다가 경찰이 도착해서 암벽 꼭대기에서 청년에게 밧줄을 던져주었다. 그 순간 청년은 선택의 기로에 있었다. 자신의 능력을 의지할 것인가, 아니면 경찰이 던져준 밧줄을 의지할 것인가? 결국 그는 후자를 선택하여 몇 분도 되지 않아 경찰에게 구출되었다. 우리가 인생을 살면서 어느 정도의 업적을 힘들게 이루었는데 아직 정상에 이르지 못한 상황에서 기초를 잡아주던 밑받침이 무너져 버린다면, 과연 어떻게 해야 하겠는가? 우리는 하나님이 던져주시는 밧줄을 잡아야만 한다. 그 밧줄은 하나님의 '사랑'과 '은혜'로 만들어졌고, 온 우주의 왕이신 하나님이 붙잡고 계신 밧줄이다. 우리는 그것을 당연히 믿고, 있는 힘껏 잡아야 한다! –도널드 맥컬로우, 「광야를 지나는 법」

❻ 하나님은 무엇으로 땅과 인간들을 심판하겠다고 하셨습니까?(17절)

* 홍수(17절): 태초에 세상은 물로 덮혀 있었다(창 1:2). 하나님은 물의 질서(창 1:7)와 경계를 정하시고(시 104:9) 사람이 살 수 있는 땅을 확보해 주셨다. 물의 질서와 경계를 정하신 하나님의 보호하심으로, 사람은 땅에 살 수 있었다. 홍수는 그런 하나님의 보호의 손길을 거두시겠다는 의미이다.

❼ 하나님은 방주 안에서의 생활을 위해 노아에게 무엇을 명령하셨습니까?(21절)

❽ 노아는 당시 사람들에게 조롱거리가 될 수 있는, 방주 건설이나 양식 저축 등의 명령에 대해 어떻게 반응했습니까?(22절)

더 깊은 연구와 묵상을 위하여

❶ 잠깐의 영화를 누리던 노아 시대의 사람들은 홍수 심판과 함께 영원히 사라졌습니다. 여러분도 시대의 흐름을 핑계 삼아 더 힘 있고 안정된 자리에 앉은 자가 되려고 힘쓰지는 않습니까?

❷ 하나님의 가장 무서운 심판은 보호의 손을 거두시고 관심을 갖지 않으시는 것입니다. 혹시 요즘 여러분이 하나님 앞에서 범죄를 일으켜도 마음에 찔림이 없거나 회개의 필요성을 느끼지 못하지는 않습니까?

적용을 위한 글

노아는 믿음의 사람이었다. 그는 하나님을 무시하던 시대에 하나님의 말씀을 듣고 그대로 준행했다. 또한 하나님의 홍수 심판을 믿었다. 당시에는 비가 없었기에, 비라는 것은 노아가 한 번도 경험해보지 못한 것이었다. 따라서 노아에게 홍수 심판은 상상하기 어려운 일이었다. 방주를 건설하라는 명령 역시 비상식적이었다. 사람들의 조롱거리가 될 것이 뻔했지만, 노아는 이러한 불확실성과 외적인 공격에도 하나님의 명령을 그대로 수행한다. 여러분은 성경을 통해 마지막 날에 있을 심판과 그리스도 예수를 통한 구원의 복음을 들었다. 복음을 아는 것이 여러분을 구원하는 것이 아니다. 반드시 노아처럼 복음에 대한 삶의 구체적인 반응을 해야 한다. 복음에 대해 단순히 머리로만 아는 것은 믿음이 아니다. 구체적인 믿음의 반응이 곧 믿음이다.

적용 및 결단을 위한 질문

❶ 말씀에 대한 준행이 곧 믿음입니다. 여러분은 예수 그리스도의 복음에 대해 믿음으로 반응하고 있는지 함께 나눠보십시오.

❷ 여러분은 예수님께서 가지고 오실 새 하늘과 새 땅에 살기 위해서 무엇을 준비하고 있는지 함께 나눠보십시오.

12 방주에 있던 자들만 남았더라

본문 창세기 7:1-24

외울말씀 지면의 모든 생물을 쓸어버리시니 곧 사람과 가축과 기는 것과 공중의 새까지라 이들은 땅에서 쓸어버림을 당하였으되 오직 노아와 그와 함께 방주에 있던 자들만 남았더라 (23절)

도입을 위한 글

2005년에 정부가 실시한 주택인구총조사 결과, 10년 사이 천주교 신자는 약 219만 5천 명이 늘었고 불교 신자는 45만 명이 늘어난 반면 기독교 신자는 14만 4천 명이 줄어들었다. 사랑과 희생, 구원과 영생의 종교인 기독교가 어쩌다 이 땅에서 '성서 밖의 종교', '예수 없는 기독교'로 변질되어 가고 있는 것인가? 아프간의 사태에 대한 인터넷 악성 댓글들을 보면서 만일 천주교나 불교나 구세군이 납치되어 이러한 지경이 되었다면 어떤 댓글이 달렸을지 자문해 보았다. 적어도 오늘날 세상이 기독교를 보는 시선과는 같지는 않았을 것이다. 이러한 안타까운 결과는 인간의 탐욕이 첨가된 대교회주의와 성장주의에서 비롯되었다고 생각한다. 대교회주의와 성장주의의 기원은 백인 우월주의와 기독교 우월주의에 뿌리를 둔 제국주의적 선교 방식이며, 이것에는 물질주의가 진하게 섞여 있다. 대교회주의와 성장주의로 무장된 교회는 겸손과 섬김과 사랑과 복이 아닌, 우월감과 지배 의식 그리고 전도 실적과 목회자의 헝그리 정신으로 작동되고 있는 거대한 선박일 뿐 더 이상 구원의 방주가 아니다. —이주연, 「자처한 고립 속의 한국 기독교」

도입을 위한 질문

❶ 여러분은 여러분의 신앙생활에 대한 열정이 다른 사람들에게 유별나게 보일까봐 신경 쓰인 적이 있습니까?

❷ 여러분은 예수 그리스도에 대해 비아냥거리는 소리를 들으면 기분이 어떻습니까?

본문 질문

❶ 하나님은 노아의 무엇을 인정하셨습니까?(1, 5절)

* 네가 내 앞에 의로움을(1절): 하나님은 말씀을 굳게 믿고 믿음으로 반응한 노아를 의롭게 여기셨다.

❷ 하나님은 홍수를 내리시기 7일 전에 노아에게 무엇을 명령하셨습니까?(1–4절)

❸ 하나님의 홍수 심판 예고를 믿고 방주에 들어간 사람은 누구입니까?(7–9, 13–15절)

* 노아의 가족은 노아 덕분에 어부지리로 방주에 들어간 것이 아니라, 각 사람의 믿음으로 방주에 들어갔다(겔 14:20 참조).

❹ 당시 사람들에게 믿기지 않는 일이 일어났습니다. 하나님이 일으키신 홍수 심판에 대해 정리해보십시오(10-12절).

언제부터(10절)	
어떻게(11절)	
얼마 동안(12절)	

❺ 다음 글을 읽고 그리스도인의 유일한 구원의 방주인 십자가에 대해서 정리해보십시오.

> 오래 전 미국 펜실베이니아 주의 산 중턱에 비행기가 추락하여 여섯 명의 희생자를 내는 사고가 있었다. 사고 현장 근처에는 교회훈련센터가 있음을 알리는 68피트 높이의 철제 십자가가 세워져 있었다. AP통신은 항상 불이 켜져있던 그 십자가가 그날 따라 꺼져있었던 것을 사고의 원인으로 지적했다. 그 지역을 운항하는 비행기들은 십자가의 불빛을 보고 그곳을 지나곤 했는데, 그날은 십자가의 불이 꺼져 있어서 비행기가 방향감각을 상실했다는 것이다. 이 사건을 통해 우리는 '불 꺼진 십자가'와 '피 없는 십자가'의 결론을 보게 된다. 도시마다 하늘을 찌를 듯 솟아있는 저 십자가들은 그리스도의 보혈을 전하는 메시지가 되어야 하며 민족 구원의 등불이어야 한다. 그러나 만일 예수 그리스도의 피가 묻은 십자가가 한낱 장식품으로 전락한다면, 결국 십자가로 인해 존재하는 교회는 복음의 능력뿐만 아니라, 그 존재 이유까지도 잃게 될 것이다.
>
> –박종순

❻ 방주의 문은 누가 닫으셨습니까?(16절)

❼ 온 세상에 물이 넘쳐 천하의 높은 산이 다 잠겼습니다(17–20절). 또한 홍수 심판으로 누가 죽었습니까?(21–22절)

❽ 하나님의 홍수 심판에서 누가 살아남았습니까?(23절)

더 깊은 연구와 묵상을 위하여

❶ 하나님께서 방주의 시작과 끝을 모두 주관하셨습니다. 여러분은 구원의 시작과 끝을 하나님이 완성하심을 믿습니까?

❷ 구원의 문이 닫히는 때가 반드시 옵니다(마 25:10–12 참조). 지금은 구원의 문이 열려있는 기회의 시대입니다. 이러한 때에 여러분은 무엇을 해야 합니까?

적용을 위한 글

하나님은 노아에게 심판과 구원에 대한 메시지를 전달하시고, 그 심판을 피할 수 있는 구원의 길도 먼저 제시해주셨다. 또한 하나님은 구원의 언약도 맺어주셨다. 그것은 하나님이 제시하시는 구원의 길에 믿고 순종하면 생명을 보호해주시겠다는 약속이었다. 하나님은 노아가 구원의 길에 순종하도록 도우시고 구원의 완성인 방주의 문을 친히 닫으셨다. 노아의 삶은 구원의 표본이다. 하나님은 우리에게도 심판과 구원의 복음을 제시해주셨다. 예수님의 십자가 고난과 부활은 하나님의 구원계획이다. 하나님은 예수님을 통한 새 언약으로 택한 자들을 초청하고 계신다. 따라서 새 언약에 초청받은 사람은 계속해서 믿음으로 반응해야 한다. 믿음은 단순한 지적 동의나 감정적 동의가 아닌, 믿음의 반응을 동반해야 한다.

적용 및 결단을 위한 질문

❶ 오늘날도 주님의 재림을 믿지 않고 그리스도인들을 조롱하는 사람들이 많이 있습니다. 여러분은 그들에게 예수님의 재림이 반드시 이루어질 주님의 약속임을 어떻게 전하고 있습니까?

❷ 여러분은 예수님이 다시 오실 그날에 새 하늘과 새 땅에 남아있기 위해 무엇을 해야 하는지 함께 나눠보십시오.

13 그 향기를 받으시고

본문 창세기 8:1-22

외울말씀 여호와께서 그 향기를 받으시고 그 중심에 이르시되 내가 다시는 사람으로 말미암아 땅을 저주하지 아니하리니 이는 사람의 마음이 계획하는 바가 어려서부터 악함이라 내가 전에 행한 것 같이 모든 생물을 다시 멸하지 아니하리니 (21절)

도입을 위한 글

그리스도의 재림에 대한 소망은 신약성경의 그리스도인들을 흥분시켰다. 그러나 오늘날 그리스도인들에게 재림은 그다지 흥미로운 일이 아니다. '그리스도의 재림'이 빛을 발하지 못하는 것에는 네 가지 이유가 있다. 첫째, 오늘날은 세상의 종말에 대해 말하는 성경에 반발하는 시대다. 이 태도 때문에 그리스도의 재림은 안 좋은 인상만을 남기게 되었다. 둘째, 오늘날은 예수님이 부활하시고 승천하신 것을 회의적으로 바라본다. 그 결과, 예수님의 재림에 대해 의심하는 시각이 많아졌다. 셋째, 오늘날은 그리스도인들이 사회와 경제에 관심이 없다는 비난을 면하기 위해 이런 세상적인 견해에 도전하지도 못한다. 그래서 예수님이 이 세상을 심판하신다는 사실이나 그리스도인의 소망은 경시된다. 넷째, 그리스도인들조차 예수님이 재림하셔서 주실 더 좋은 것들에 대해 소망하지 않게 되었다. 오늘날의 그리스도인들은 다른 사람이 박해받거나 궁핍하게 되는 것을 바라지 않는다. 하지만 그것이 자신에게 이익이 된다면 애써 막으려고도 하지 않는다.

–제임스 패커, 「견고한 크리스천」

도입을 위한 질문

❶ 여러분은 군대에 가거나 임신을 하는 것과 같이 어떤 특정한 장소나 상황에 오랫동안 매여있었던 경험이 있습니까?

❷ 1년간 물 위에 떠 있는 배 안에서만 생활한다면 어떠한 어려움이 예상됩니까?

본문 질문

❶ 하나님은 방주 안에 있었던 노아 가족을 어떻게 하셨습니까?(1절)

❷ 하나님은 심판의 도구였던 물을 어떻게 하셨습니까?(1b–5절)

* 창세기의 천지 창조 역사가 재현되고 있다.

❸ 노아는 하나님이 약속하신 40일의 홍수가 끝났지만 방주 밖으로 나가지 않고 하나님의 인도하심을 기다렸습니다. 노아는 어떻게 행동했습니까?(6–14절)

❹ 새 땅에 발 딛기를 간절히 바라던 노아에게 하나님은 무엇이라 말씀합니까? (15-17절)

❺ 다음 글을 읽고 우리가 예수 안에서 감당해야 할 인내에 대해서 정리해보십시오.

> 벤자민 워필드(Benjamin B. Warfield) 박사는 세계적으로 유명한 신학자로, 1921년에 세상을 떠나기 전까지 거의 34년 동안 프린스턴신학교에서 학생들을 가르쳤다. 목회자들은 「성경의 영감과 권위」 등 그의 책들은 잘 알고 있지만, 1876년에 그에게 일어났던 일을 아는 사람은 거의 없다. 그는 25세에 결혼하여 독일로 신혼여행을 떠났다. 그곳에서 그들은 강한 풍랑을 만났고 아내 애니는 번개에 맞았다. 그 후, 그녀는 평생 불구가 되었다. 워필드는 그녀가 세상을 떠날 때까지 39년 동안 정성껏 그녀를 간호했다. 그는 결혼 생활 내내 두 시간 이상 집을 비운 적이 거의 없었다. 그러한 상황 속에서도 워필드는 로마서 8:28에 대해 자신의 생각을 이렇게 밝혔다. "하나님께서 사랑하시는 자들에게 일어나는 모든 일들은 좋은 것일 수밖에 없다. (중략) 모든 것을 그분이 통치하시므로 우리 각자에게 일어나는 모든 일로부터 오로지 선한 것들만을 수확해야 한다."
>
> -김상복

❻ 노아와 가족들은 방주에서 나오자마자 제일 먼저 무엇을 했습니까?(20절)

❼ 하나님은 노아의 번제를 받으시고 무엇을 약속하셨습니까?(21절)

* 그 향기를 받으시고(21절): 이는 하나님과 인간, 하나님과 땅의 새로운 화해를 의미한다.

❽ 하나님은 홍수 이후부터 예수님의 재림 전까지 땅에 무엇이 계속될 것이라고 말씀합니까?(22절)

* 이는 땅의 기능이 회복됨을 의미한다.

더 깊은 연구와 묵상을 위하여

❶ 노아는 항상 하나님의 명령에 순종했습니다. 여러분도 노아와 같이 언제나 하나님의 명령에 온전히 순종하고 있습니까?

❷ 1년간 방주 안에서 생활한 노아와 그의 가족들에게 어떤 어려움들이 있었을지 추측해보십시오.

적용을 위한 글

하나님은 방주 안에 있는 노아를 기억하셨다. 1년간 방주 안에서의 생활은 많은 어려움이 있었을 것이다. 하지만 하나님은 하나님의 약속을 믿고 끝까지 인내한 노아와 가족들에게 새로운 땅을 선물로 주셨다. 노아에게 새로운 땅이 소망이었듯이 그리스도인에게도 하나님이 주실 새 하늘과 새 땅이 소망이다. 따라서 새 하늘과 새 땅에 들어가기 전까지 여러분은 끝까지 방주(예수님) 안에 머물러야 한다. 비록 그것이 답답하고 비상식적인 것 같아도 끝까지 인내해야 한다. 노아가 새로운 땅에서 번제를 드렸던 것처럼 여러분도 예수님이 다시 오실 그날에 하나님을 뵙게 될 것이다. 그날을 바라보면서 인내하고 하나님의 뜻대로 순종하며 살아야 한다.

적용 및 결단을 위한 질문

❶ 노아를 기억해주신 하나님은 예수님 안에 있는 여러분도 기억하십니다. 여러분은 하나님을 언제 어디서나 기억하고 있습니까?

❷ 노아는 물이 마르고 새로운 땅에서 사는 것을 기다렸습니다. 예수님 안에 있는 여러분은 예수님이 가지고 오실 새 하늘과 새 땅(계 21:4)을 간절히 바라보면서 살고 있는지 함께 나눠보십시오.

14 언약의 증거니라

본문 창세기 9:1-17

외울말씀 내가 내 무지개를 구름 속에 두었나니 이것이 나와 세상 사이의 언약의 증거니라 (13절)

도입을 위한 글

세상의 사랑보다 주님의 사랑이 더 좋은 5가지 이유는 첫째, 주님은 여러분을 배신하지 않으신다. 둘째, 주님은 여러분에게 권태를 느끼지 않으신다. 셋째, 주님은 항상 여러분에게 변함없는 사랑을 주신다. 넷째, 주님 앞에서는 기죽을 필요가 없다. 다섯째, 주님은 항상 여러분의 상황을 이해해 주신다. 세상의 사랑은 언제든 여러분에게 등을 돌릴 수 있지만, 주님은 영원토록 변함없는 사랑으로 여러분을 기다려주신다. 인간의 사랑은 길어야 3년 정도면 퇴색된다고 하지만, 주님과의 관계는 권태기가 없다. 인간의 사랑은 상대방에게 잘 보이기 위해 많은 노력이 필요하지만, 주님은 여러분의 지금 모습 그대로 받아주신다. 사랑을 지키기 위해서는 프로가 되어야 하지만, 주님은 여러분의 영원한 주인이 되어주신다. 사랑을 얻기 위해서는 많은 것을 포기하는 희생이 따르지만, 주님은 여러분이 하나만 양보해도 더 많은 것으로 채워주신다. 세상의 백마 탄 왕자를 기다리기보다, 주님의 신부된 그리스도인으로서 등과 기름을 준비하여 주님을 사모하며 기다리자.

-김장환, 「큐티 365」

도입을 위한 질문

❶ 여러분은 무지개를 본 적이 있습니까? 무지개를 보면 어떤 생각이 듭니까?

❷ 여러분이 오늘 봤던 자연물에 대해 생각해보고, 어떤 생각이 들었는지 나눠보십시오.

본문 질문

❶ 하나님은 노아와 그 아들들에게 복을 주시면서 무엇이라고 말씀합니까?(1, 7절)

* 이는 첫 인간인 아담에게도 주셨던 명령이다(창 1:22). 이를 통해 인류를 향하신 하나님의 뜻은 변함이 없다는 것을 알 수 있다.

❷ 홍수 심판이 인간과 자연의 체계를 어떻게 변화시켰는지 정리해보십시오.

	홍수 심판 이전(창 1:29–30)	홍수 심판 이후(창 9:2–3)
관계	조화(調和)와 상생(相生)의 관계	
음식	채소만 먹어야 함	

❸ 동물과 사람의 생명은 모두 하나님께 속해 있습니다. 하나님은 동물과 사람의 생명에 관해 어떤 법을 정해주셨습니까?(4–6절)

❹ 하나님은 노아와 언약을 맺으시면서 무엇을 약속하셨습니까?(8-11절)

* 하나님은 언약의 하나님이시다. 하나님은 언제나 주권적으로, 타락한 인간들에게 언약을 제시하신다.

❺ 다음 글을 읽고 새 언약의 증거인 성찬의 소중함에 대해 정리해보십시오.

우리 교회 한 집사님의 남편은 위암 말기 환자였다. 암세포가 임파선까지 전이되어, 의학적 치료는 멈춘 채 임종만 기다렸다. 그녀는 남편의 죽음이 두려웠다. 남편의 고통을 지켜볼 수밖에 없던 그 집사님은 부활절 성찬예배에 참석했다. 그녀는 남편을 위해 자기 몫의 성찬을 챙겼다. 떡은 손수건에 싸고, 포도주는 작은 병에 담았다. 그녀는 성찬예배가 끝나고 곧바로 집으로 달려와서 남편에게 성찬을 내밀었다. "여보, 오늘 부활절 성찬이에요. 당신을 위해 내 몫을 받아왔어요. 이 떡은 십자가에서 자신의 살을 찢어 우리를 영생하게 하신 주님의 몸이고, 이 포도주는 우리를 위해 대신 고통당하신 주님의 피에요." 남편은 아내의 뜨거운 사랑에 감동해 눈물을 흘리며 성찬을 받았다. 그 후 남편에게 평안이 찾아왔고, 모든 고통이 사라지는 기적이 일어났다. 그러자 아내는 하나님께 기도했다. "주님, 너무나 감사하고 또한 죄송합니다. 성찬은 이렇게 받는 것이 아니니까요." -고훈

❻ 하나님이 새 언약의 증거로 하늘에 두신 것은 무엇입니까?(12-13절)

❼ 하나님은 그것을 누구의 것이라고 지칭하셨습니까?(13절)

❽ 홍수 심판 이후에도 인간의 불순종은 계속되었습니다. 하지만 하나님은 새 언약의 증거를 보시고 무엇을 기억하겠다고 말씀합니까?(15–17절)

더 깊은 연구와 묵상을 위하여

❶ 인간의 불순종에도 인간을 향한 하나님의 꿈과 열심은 절대 변하지 않습니다. 여러분을 포함한 온 인류를 향하신 하나님의 꿈은 무엇입니까?(엡 1:3–6 참조)

❷ 인간과 자연의 일그러진 체계는 언제 복원될 수 있습니까?(행 1:6–8 참조)

적용을 위한 글

하나님은 아담에게 하셨던 명령을 노아에게도 동일하게 하셨다. 하나님은 인류가 하나님 안에서 번성하기를 바라신다. 하나님은 인류가 하나님을 경외하고 하나님의 말씀에 순종하며 자연 만물을 다스리고 하나님의 대리인으로서 통치하시길 바라신다. 그리고 이것은 예수님을 통해 실현될 것이다. 인간과 자연의 일그러진 체계도 예수님이 다시 오시는 날 완전히 복원될 것이다. 여러분은 그때까지 예수님 안에 머무르면서 하나님께서 하신 약속을 끝까지 붙잡아야 한다. 하나님이 생명을 사랑하시는 것과 같이 여러분도 생명을 사랑해야 한다. 특히 예수님을 통한 하나님의 새 언약의 증거인 성찬은 정말 중요한 예식이다. 하나님은 무지개를 보시면서 다시는 홍수 심판을 하지 않으심과 같이, 성찬을 통해서 여러분을 향한 하나님의 심판을 유예하고 계신다.

적용 및 결단을 위한 질문

❶ 여러분은 생명을 존중하고 사랑하고 있습니까?

❷ 하나님은 예수 그리스도를 통해 새 언약을 주셨습니다. 그리고 그 증거가 바로 성찬입니다. 여러분은 어떤 마음으로 성찬에 참여하고 있는지 함께 나눠보십시오.

15 뒷걸음쳐 들어가서

본문 창세기 9:18-29

외울말씀 셈과 야벳이 옷을 가져다가 자기들의 어깨에 메고 뒷걸음쳐 들어가서 그들의 아버지의 하체를 덮었으며 그들이 얼굴을 돌이키고 그들의 아버지의 하체를 보지 아니하였더라 (23절)

도입을 위한 글

사람들은 다른 사람의 성공을 축하하는 것에 인색하다. 반면에 이웃의 실패나 타락의 소식을 들으면 즐기고 싶은 본성이 나타난다. 그리고 그것을 보면서 상대적으로 자신이 성공한 것처럼 착각한다. 잠언 기자는 "남의 말하기를 좋아하는 자의 말은 별식과 같아서 뱃속 깊은 데로 내려가느니라"(잠 18:8)고 말한다. 이는 묘한 즐김이 동반된다는 의미이다. 그리고 그런 말을 하거나 들을 때 우리는 마음속 깊이 그런 말을 삼키고 싶어한다. 인터넷에 악성 댓글이 점점 늘어나는 것도 이와 같은 이유이다. 그래서 상대방에 대한 좋은 말을 하기 위해서는 의지적인 노력이 필요하다. 성령으로 거듭난 모든 성도는 이제 새로운 성품과 의지를 가꿔야 한다. 이웃에 대하여 좋은 말을 하는 것은 어렵지만 인생을 사는 데 매우 중요한 요소이기 때문이다.

도입을 위한 질문

❶ 여러분은 배우자나 자녀 등 여러분과 가까운 사람들의 실수나 허물에 대해 1차적으로 어떻게 반응합니까?

❷ 여러분은 인터넷에 어떤 사건이나 인물에 대해 악성 댓글을 달아본 경험이 있습니까? 또는 읽고 공감한 적이 있습니까? 그때 느낌이 어땠습니까?

본문 질문

❶ 노아와 함께 방주의 구원을 경험한 세 아들의 이름은 무엇입니까?(18절)

* 가나안(18절): 훗날 바알을 섬긴 가나안 족속으로, 그들의 조상은 함이다.

❷ 하나님은 노아와 그 아들들에게 생육하고 번성하여 땅에 충만하라고 말씀합니다(창 9:1). 그 말씀은 어떻게 이루어집니까?(19절)

❸ 하나님과 동행하던 노아는 어떤 실수를 하게 됩니까?(20–21절)

* 노아가 홍수 심판 이전의 사람들처럼 행동하는 실수를 저질렀다(마 24:38–39 참조).

❹ 가나안의 아버지 함은 그의 아버지의 하체를 보고 어떻게 행동했습니까?(22절)

❺ 함의 말을 들은 셈과 야벳은 어떻게 행동했습니까?(23절)

❻ 다음 글을 읽고 다른 사람의 실수나 허물에 대해 어떻게 반응해야 하는지 정리해보십시오.

허물을 드러내는 것이 친구를 돕는 것이라고 믿는 사람들이 있다. 어떤 경우에는 그럴 수도 있다. 그러나 여러분이 친구의 허물을 드러내는 순간, 대부분의 우정에는 상처가 생긴다. 이런 상황에서 친구의 허물을 드러내는 방법도 문제일 수 있고, 지적받은 사람의 반응도 문제가 될 수 있다. 잠언 기자는 친구의 허물을 덮는 것이 친구와의 우정을 지키는 방법이라고 교훈한다. 이것은 결코 친구의 불의를 정당화하라는 뜻이 아니다. 하나님의 뜻이 있다면 친구에게 사랑의 충고를 해야 할 때도 있다. 문제는 친구의 허물을 반복적으로 언급하는 것이다. 친구의 허물을 성령께서 고치시도록 간구하라. 그리고 친구의 허물을 말하기보다는 그 허물을 덮는 자가 되라. 그러면 언젠가 그 친구는 여러분의 사랑을 깨닫고 진정한 충고를 구할 것이다.

❼ 술이 깬 노아는 그의 작은 아들이 자기에게 행한 일을 알고 어떻게 했습니까?(24-27절)

* 종이 된다는 저주가 세 번이나 반복되고 있다.

❽ 노아는 셈에 대해서 무엇을 선포했습니까?(26절)

* 훗날 셈의 후손인 이스라엘이 함의 후손인 가나안을 점령한 역사적 배경이 된다.

더 깊은 연구와 묵상을 위하여

❶ 세상과 술에 취하면 정상적인 그리스도인의 삶을 살 수 없습니다. 지금 여러분은 세상과 술에 취해 있습니까, 아니면 성령으로 충만합니까?(엡 5:17-18 참조)

❷ 노아의 아들들의 선택과 행동으로 가나안 민족과 이스라엘 민족의 역사에 방향이 정해졌습니다. 여러분은 인생에서 매 순간의 선택이 얼마나 중요한지 인식하고 있습니까?

적용을 위한 글

하나님은 언제나 신실하시다. 하나님의 말씀대로 노아의 후손은 생육하고 번성했다. 그런데 하나님과 동행하던 노아가 술과 동행을 하면서 인간의 실수와 허물을 드러냈다. 이때, 노아의 둘째 아들 함은 부모의 허물을 들춰냈다. 그는 가장의 영적 지도력에 도전하고, 아버지의 사회적 권위와 명예를 깨뜨렸다. 이런 함의 선택과 행동은 결국 저주의 열매를 맺게 되었다. 반대로 아버지의 허물을 덮어 준 셈과 야벳은 축복을 받는다. 방주를 통한 구원의 역사를 경험한 노아와 그의 아들들은 방주 이후의 삶이 방주에 있을 때의 믿음과 동일해야 했다. 즉, 홍수 이전의 사람들이 했던 행동들을 버려야 했다.

적용 및 결단을 위한 질문

❶ 여러분은 다른 사람을 염려한다는 이유로 그들의 허물을 드러내고 있지는 않습니까?

❷ 여러분은 다른 사람을 험담하는 말을 들으면 어떻게 반응합니까? 소문의 사실을 확인합니까, 아니면 그 사람의 명예와 영혼을 걱정합니까?

16 노아 자손의 족속들이요

본문 창세기 10:1-32

외울말씀 에벨은 두 아들을 낳고 하나의 이름을 벨렉이라 하였으니 그 때에 세상이 나뉘었음이요 벨렉의 아우의 이름은 욕단이며 (25절)

도입을 위한 글

하나님은 인간의 교만을 가장 미워하신다. 교만한 사람은 자기를 지으신 하나님을 무시하고 이웃을 미워하는 삶을 살기 때문이다. 그래서 교만은 모든 죄의 근본이다. 반대로, 하나님이 주신 자존감은 여러분이 자신의 귀중한 가치를 깨달아 하나님과 신실한 교제를 하게 한다. 다만 이 자존감을 세상의 가치와 결부시켜 여러분을 죄악으로 끌고 가려는 사탄의 유혹은 단호하게 대적해야 한다. 무조건 1등만을 고집하는 세속적인 성공 철학이야말로 우리의 자존감을 교만의 죄악으로 떨어뜨리는 사탄의 전략임을 깨닫게 되기를 소망한다.

–강안삼, 「가정편지」

도입을 위한 질문

❶ 여러분은 집안의 족보를 본 적이 있습니까? 족보를 보면 어떤 느낌이 듭니까?

❷ 하나님은 여러분의 조상들에 대해서도 다 아실 것이라고 생각합니까?

본문 질문

❶ 하나님이 노아와 노아의 아들에게 축복하신 말씀은 그대로 이루어졌습니다(창 9:1). 본문의 족보에 나오는 노아의 아들들의 후손은 몇 명입니까?

* 모두 합하면 70명이다. '70'이란 숫자는 성경에서 완전수를 의미한다(출 1:5; 민 11:24; 눅 10:1 참조). 이는 하나님의 약속이 완전히 성취되었음을 상징한다.

야벳(2-5절)	
함(6-20절)	
셈(21-31절)	

❷ 노아는 하나님이 야벳을 창대하게 하실 것이라고 했습니다(창 9:27). 야벳의 후손들은 어디에 머물렀습니까?(5절)

* 바닷가의 땅(5절): 이는 창세기 기자가 알고 있는 가장 먼 지역을 뜻한다. 또한 이는 야벳의 후손들이 창대하여 가장 먼 지역에까지 퍼져나간 것을 의미한다.

❸ 함의 후손 중 니므롯은 어떤 사람이었습니까?(8-9절)

❹ 니므롯은 나라를 세우고 곳곳에 무엇을 세웠습니까?(10-12절)

* 성(城)은 방어를 위해 건설하는 것이다. 니므롯은 바벨탑 사건과 연관이 있는 시날 땅 바벨성의 주인이었다.

❺ 다음 글을 읽고 교만에 대해서 정리해보십시오.

의학에서 가장 중요한 것은 '정확한 진단'이다. 암도 신속하고 정확하게 진단한다면 완치의 가능성이 높아진다. 여러분의 마음도 마찬가지다. 가장 중요한 것은 자신을 정확하게 진단하는 것이다. 교만은 '마음에 발병한 암'이라고 할 수 있을 만큼 치명적이다. 이러한 교만은 스스로 파악하고 경계해야 한다. 왜냐하면 겸손하지 못한 성공과 성품은 불완전하기 때문이다. 만약 겸손 없이 세상에서 성공했다고 해도, 결국 하나님 앞에서는 성공하지 못한다. 그래서 복 있는 사람은 오만한 자리에 앉지 않는 것이다(시 1:1). —이주연

❻ 함의 후손 중 가나안의 경계는 어디였습니까?(19절)

* 창세기 기자는 가나안 족속의 경계를 비교적 상세하게 기록했다. 이는 그곳이 장차 이스라엘이 차지할 땅이었기 때문이다.

❼ 창세기 기자는 셈을 누구라고 소개했습니까?(21절)

* 창세기 기자는 셈의 족보에서는 에벨을 강조하였다.

❽ 에벨의 두 아들 때에 어떤 일이 있었습니까?(25절)

* 나뉘었음이요(25절): 이는 언어가 나뉘고 지역적으로 흩어졌다는 의미이다. 창세기 10장은 바벨탑 사건 이후의 결과를 보여주는 것으로, 이 표현은 생육과 번성을 강조하는 것이다.

더 깊은 연구와 묵상을 위하여

❶ 여러분은 니므롯처럼 여러분만의 성(부동산, 학벌, 지위, 돈, 명예 등)을 쌓는 것에 열심을 내고 있지는 않습니까?

❷ 하나님은 아브람의 근원을 다 알고 계시는 분입니다. 여러분은 하나님께서 여러분의 근원을 모두 알고 계심을 믿습니까?

적용을 위한 글

하나님은 신실하시다. 하지만 노아의 후손들은 하나님 앞에서 성실하게 살지 않았다. 그 대표적인 사람이 니므롯이다. 니므롯은 하나님이 주신 육체를 자신을 위해 사용하며 힘을 과시했다. 자신을 보호하기 위해 나라와 성읍을 세우고 교만하게 살았다. 한편 이 와중에도 하나님은 아브람의 조상들을 예비하셨다. 새로운 세상의 후사가 될 아브람의 조상들의 족보는 우리를 숙연하게 한다(롬 4:13). 역사의 주관자이시고 모든 것을 아시는 하나님 앞에 우리는 항상 겸손해야 한다.

적용 및 결단을 위한 질문

❶ 여러분이 끝까지 놓지 말아야 할 하나님의 약속은 무엇입니까?

❷ 니므롯은 하나님을 떠나 자기 힘만 의지했습니다. 여러분에게 이러한 교만이 있지는 않습니까?

17 온 지면에 흩으셨더라

본문 창세기 11:1-9

외울말씀 그러므로 그 이름을 바벨이라 하니 이는 여호와께서 거기서 온 땅의 언어를 혼잡하게 하셨음이니라 여호와께서 거기서 그들을 온 지면에 흩으셨더라 (9절)

도입을 위한 글

도대체 이 세상은 누구의 것인가? 어떤 이는 이 세상이 사람의 것이라고 주장한다. 이런 인본주의적 생각은 세상의 모든 가치를 상대화하게 만든다. 또 어떤 이는 이 세상을 사탄의 세상이라고 말한다. 이런 기독교적 비관주의는 우리가 역사의 소용돌이에서 도피하게 했다. 이 세상은 하나님의 세상이다. 그럼에도 이 세상에 잠시 세움을 받은 지도자들이 자꾸 반그리스도적인 정책으로 세상의 참된 주인 되신 이의 뜻을 거스리고, 주인의 법의 속박을 벗어나고자 한다. 하나님은 당신의 아들을 세상에 보내어 세상의 주인 행세하던 사탄의 계략을 꺾으셨다. 십자가에서 죽으시고 부활하신 예수 그리스도께서 바로 복음이자 세상의 주인이 되신다.

–이동원

도입을 위한 질문

❶ 여러분은 여러분의 공로가 드러나지 않았을 때 어떤 느낌이 듭니까? 그것을 표현합니까?

❷ 여러분은 일이 잘 풀리지 않을 때 다른 이들에게 짜증이나 불만을 드러내지는 않습니까?

본문 질문

❶ 바벨탑 사건 이전에 세상의 언어는 어떤 상태였습니까?(1절)

❷ 노아의 후손들은 서로 다른 지역에 흩어져 살았습니다. 하지만 함의 자손인 니므롯은 이들을 어디로 모이게 했습니까?(2절)

❸ 사람들은 벽돌과 역청으로 성읍과 탑을 만들기 시작했습니다. 그들은 왜 그것을 건설했습니까?(4절) 다음에 제시된 말씀들과 비교해보십시오.

* 하나님의 뜻은 노아의 후손이 땅에 흩어져 충만하게 채워지는 것이었다.

* 흩어짐을 면하자(4절): 이는 하나님의 뜻에 대한 반역이었다. 바벨탑에 모인 사람들은 아담과 가인과 비슷한 면이 있었다.

창 3:5	아담: 하나님과 같이 되려고 함	4절	
창 4:17	가인: 성을 쌓음, 아들의 이름을 붙임		
창 9:1	노아: 생육하고 번성하여 땅에 충만하게 함		

❹ 인간들이 보기에는 성읍과 탑이 커보였지만 하나님께는 보이지 않을 정도로 작았습니다. 하나님은 성읍과 탑을 보시기 위해 어떻게 하셨습니까?(5절)

* 창세기 기자의 문학적 표현이다.

❺ 다음 글을 읽고 여러분 자신의 모습에 솔직하게 직면하는 방법에 대해서 정리해보십시오.

> 한밤중에 도둑이 빈 집을 털고 있었다. 손전등을 비추며 정신없이 세간을 뒤지고 있을 때 험상궂게 생긴 괴한이 불쑥 나타났다. 소스라치게 놀란 도둑은 반사적으로 칼을 뽑아들었다. 그러자 괴한도 똑같은 자세를 취하며 노려보는 것이었다. 도둑은 극도로 긴장하며 괴한을 응시했지만 무엇을 깨달았는지 그만 맥이 풀려 그 자리에 풀썩 주저앉고 말았다. 도둑은 거울에 비친 자신의 모습에 놀랐던 것이다. 이 글은 작가 강호연 씨의 수필집인 「거울」에서 나오는 이야기다. 지금 거울에 비치는 여러분의 모습은 어떠한가? 거울은 사실의 반영이다. 만약 욕심의 산물들로 여러분의 몸을 장식한다면 행복할 수 있다고 말할 수 있겠는가?
>
> –최용우, 「햇볕같은 이야기」

❻ 하나님은 사람들이 바벨탑을 쌓는 주요 원인이 무엇이라고 말씀합니까?(6절)

❼ 시날 평지에 모인 사람들은 하나가 되어 "하고자 하는 일"(6절)이 있었습니다. 그들은 그 일을 위해 소통을 했지만, 그것은 악한 소통이었습니다. 삼위일체이신 하나님은 그것을 어떻게 하셨습니까?(7절)

❽ 사람들이 쌓은 성읍과 탑의 이름은 "바벨"이었습니다. 바벨의 뜻은 무엇입니까?(9절)

더 깊은 연구와 묵상을 위하여

❶ 여러분은 여러분의 자녀가 무엇이든지 1등을 하길 원합니까? 여러분의 사업이 확장되고 하는 일마다 잘되길 원합니까? 여러분은 무엇 때문에 그것들이 이루어지길 바라고 있는지 함께 나눠보십시오.

❷ 하나님께서는 때로 여러분의 삶에 혼돈을 허용하실 때가 있습니다. 그때마다 여러분은 그것을 믿음으로 수용합니까?

적용을 위한 글

인간이 쌓은 바벨탑을 통해 자신들이 무언가 성취한 것 같았지만, 하나님의 눈으로 볼 때 그것은 아무것도 아니었다. 교만한 사람은 영의 눈이 가려져서 자신의 한계를 볼 수 없다. 이에 하나님은 교만한 인간들을 낮추시기 위해 혼돈을 허락하셨다. 결국 하나님이 주시는 혼돈은 인류를 향한 사랑이다. 어떤 일을 할 때에 하나님이 여러분의 일을 막으실 때가 있다. 그때에는 겸손하게 혼돈을 수용하고 하나님만을 더 의지하며 자신의 모습을 돌아보아야 한다. 인간에게는 늘 교만의 씨앗이 잠재되어 있다는 것을 생각하면서 여러분 자신을 부지런히 살펴야 한다.

적용 및 결단을 위한 질문

❶ 감찰하시는 하나님은 여러분의 모든 일을 보고 계십니다. 혹시 하나님이 바벨탑을 막으셨던 것처럼 여러분의 일을 막고 계시는 일이 있지는 않습니까?

❷ 여러분이 의지하거나 자랑하는 이름 중에 예수님보다 높아진 이름이 있습니까?

18 셈의 족보는 이러하니라

본문 창세기 11:10-30

외울말씀 셈의 족보는 이러하니라 셈은 백 세 곧 홍수 후 이 년에 아르박삿을 낳았고 (10절)

도입을 위한 글

예수 그리스도께서 십자가에 피 흘려서 돌아가시고 사흘 만에 부활하신 그 공로로 인해 여러분은 구원받아 그리스도인이 되었다. 하지만 교회만 나온다고 그리스도인이 되는 것은 아니다. 그리스도인은 예수 그리스도께서 하나님이심을 믿고, 자신이 죄인인 것을 깨달아 죄를 회개하고 예수님을 구세주로 영접한 사람이다. 즉 그리스도인이란 '예수님 외에는 모든 것이 아무것도 아닌 존재'(I am no body)를 의미한다. 자아가 살아있는 자(some body)가 아니라, 날마다 자신을 십자가에 죽이는 삶을 사는 사람이다. 여러분의 자아와 기준대로 움직이는 것은 하나님의 뜻과 어긋나는 지름길이다. 여러분의 모든 삶에서 여러분을 구원하신 주님만 드러나게 해야 한다.

–김장환, 「큐티 365」

도입을 위한 질문

❶ 여러분은 천국에 구원받은 사람들의 이름이 적힌 생명책이 있다는 것을 믿습니까?

❷ 여러분은 몇 살까지 살 것이라고 예상합니까?

본문 질문

❶ 셈의 족보는 바벨의 저주로부터 구원받은 은혜의 족보였습니다. 셈의 여러 아들 중에서 영적 계보를 이어간 사람은 누구입니까?(10절)

❷ 셈은 생육하고 번성하며 땅에 충만하라는 하나님의 명령에 순종했습니다. 셈은 언제 아르박삿을 낳았습니까?(10절)

❸ 노아의 아들 셈부터 아브람까지의 족보를 정리해보십시오(10-26절).

* 셈부터 아브람까지의 족보는 10대이다. 이는 아담부터 노아까지의 족보가 10대인 것과 일치한다(창 5:1-32).

❹ 셈의 족보는 은혜의 족보였습니다. 에벨의 두 아들 욕단과 벨렉은 바벨탑 사건에 동일하게 참여했는데, 둘 중 누가 셈의 족보에 들어갔습니까?(창 10:25 참조, 15-18절)

* 이는 그들의 공로가 아닌, 하나님의 온전한 긍휼하심과 은혜였다.

❺ 다음 글을 읽고 믿음으로 구원을 받는다는 것에 대해 정리해보십시오.

> 예상보다 많은 사람들이 율법주의에 빠져 있다. 그들은 '내가 착한 일을 많이 하면 하나님이 받아주시겠지'라고 생각하면서 구원받기 위해 착한 일

> 을 한다. 하지만 그들은 그것이 불가능하다는 사실을 하루빨리 인정해야 한다. 예수님을 믿어서 구원을 받게 되며, 구원을 받았기 때문에 착한 일을 하고, 구원을 받았기 때문에 예배하는 것이다. 구원받기 위해 하는 것은 사람들의 눈에는 수준 높은 종교 행위로 보일지 몰라도, 하나님 앞에서는 아무런 소용이 없다. 기독교 외에 수많은 종교들 또한 율법주의에 물들어 있다. 선을 행하고 도를 닦고 고행을 하면 그 인간의 육체적인 행위를 통해 구원을 받게 된다는 그 모든 것들이 율법주의적인 신앙인 것이다.
>
> –김열방

❻ 나홀의 수명을 계산해 본 후, 창세기 6:3의 말씀과 비교해보십시오(24절).

❼ 아브람의 육신의 고향은 어디입니까?(28절)

❽ 아브람의 아내 이름은 무엇이며, 그녀는 어떤 상태였습니까?(29–30절)

더 깊은 연구와 묵상을 위하여

❶ 여러분이 하나님의 자녀가 된 것은 여러분의 행위 때문입니까, 아니면 예수 그리스도와 믿음으로 연합함 때문입니까?

❷ 족보에는 등장하는 사람들의 수명이 적혀있습니다. 여러분은 하나님이 정하신 수명이 다하는 날까지 어떻게 살아야 한다고 생각합니까?

적용을 위한 글

구원은 전적으로 하나님의 은혜다. 셈의 족보는 셋과 마찬가지로 구원과 은혜의 족보다. 영적 가계(家系)를 이어간 아르박삿은 여러 형제 중 하나님의 선택을 받았다. 바벨탑 사건에 동참했던 욕단과 벨렉 중 영적 가계에 들어간 자는 벨렉이다. 구원받은 자의 총수에 들어갈 수 있는 자들도 하나님의 선택을 받은 자들뿐이다. 여러분이 예수 그리스도와 연합하여 믿음으로 의롭다 함을 받고 하나님의 자녀가 된 것은 오직 하나님의 은혜다. 아브람은 그것을 알았다. 자신을 믿음의 후사로 불러주시고 선택해주심에 감사해서 항상 믿음과 순종으로 반응했다. 비록 아내 사래는 불임이었지만, 그는 상황을 바라보지 않고 주님의 약속을 굳게 믿었다.

적용 및 결단을 위한 질문

❶ 아브람은 육신의 고향인 갈대아 우르에 미련을 두지 않고 하늘 본향을 바라보았습니다(히 11:10). 여러분은 어디를 진정한 고향으로 생각하고 사는지 함께 나눠보십시오.

❷ 사래의 불임은 앞으로 하나님이 기적을 보여주시기 위해 허락하신 혼돈이었습니다. 여러분에게는 무엇이 부족하다고 생각합니까? 하나님이 그 부족함을 허락하신 이유가 무엇이라고 생각하는지 함께 나눠보십시오.

19 데라와 아브람의 차이

본문 창세기 11:31-12:9

외울말씀 이에 아브람이 여호와의 말씀을 따라갔고 롯도 그와 함께 갔으며 아브람이 하란을 떠날 때에 칠십오 세였더라 (12:4)

도입을 위한 글

미국 사우스다코타 주 러시모어 산에는 미국 역사상 가장 훌륭했던 네 명의 대통령 얼굴이 새겨져 있다. 그들은 모두 하나님의 말씀을 생활 이념으로 삼았다. 조지 워싱턴은 초대 대통령으로 취임하는 자리에서 "성경이 아니면 세계를 다스릴 수 없다"고 말하고 성경에 손을 얹고 선서를 했다. 토머스 제퍼슨은 미국 독립선언서의 작성자로서, "미합중국은 성경을 반석으로 삼아 서 있다"고 강조했다. 링컨은 가난하여 제대로 학교 교육을 받지 못했지만, 언제나 성경을 곁에 두고 읽으면서 그 말씀대로 살려고 힘썼다. 대통령이 된 뒤에도 그는 집무하는 책상 위에 늘 성경을 두고 읽었으며 "성경은 하나님께서 주신 가장 좋은 선물"이라고 말했다. 루스벨트는 신실한 그리스도인 부모 밑에서 성장했다. 그는 미국 대통령 가운데 최연소 대통령이 되었다. 그는 "어떠한 방면에서 활동하는 사람이든지 자기의 생을 참되게 살기를 원한다면 나는 그에게 성경을 연구하라고 권하겠다"고 말했다. 하나님의 말씀을 종교 생활에서만 적용하는 것은 잘못된 생각이다. 하나님의 말씀이 우리의 삶과 인격 전체를 지배해야 한다.

—김장환, 「큐티 365」

도입을 위한 질문

❶ 여러분은 어떤 방법으로 얻은 정보를 가장 신뢰합니까?

❷ 여러분은 성경을 생활 이념으로 삼고 있습니까?

본문 질문

❶ 데라가 달의 신을 숭배하던 갈대아 우르를 떠나 가나안 땅으로 갈 때, 누구와 함께 떠났습니까?(31절)

❷ 가나안 땅으로 가고자 했던 데라는 결국 어디에 거류하다 죽었습니까?(31–32절)

* 거류(31절): 이는 남의 나라 영토에 머물러 사는 것을 의미한다.
* 하란(31–32절): 우르와 동일한 신을 숭배하던 지역으로, 물질적으로 풍요한 땅이었다.

❸ 하나님은 다시 아브람에게 무엇을 명령하십니까? 동사를 중심으로 정리해보십시오(12:1).

❹ 하나님은 아브람이 순종할 때 무엇을 주시겠다고 약속하십니까?(12:2–3)

* 복(12:2–3): 여기서의 '복'은 세속적인 성격이 아니라, 아브람이 그의 후손인 예수님의 조상이 됨으로 그리스도와 연결되는 것 그 자체를 의미한다.

❺ 다음 글을 읽고 온전한 순종에 대해서 정리해보십시오.

미국 한 시골에 통나무집에서 살고 있던 병약한 남자가 있었다. 그의 집 앞에는 큰 바위가 있어서 그가 출입하는 데는 꽤 불편했다. 그러던 어느 날, 그가 기도하던 중에 하나님의 음성이 들렸다. "사랑하는 아들아, 집 앞의 바위를 매일 밀어라." 그 후 8개월 동안 그는 시간을 정해놓고 매일 바위를 힘껏 밀었다. 그러나 바위가 조금도 움직이지 않아서 실망하는 날이 늘어갔다. 실제로 측량해 봐도 바위는 처음 그 자리에 있었다. 그래서 하나님께 원망 섞인 기도를 했다. "하나님 제가 그동안 헛수고를 했습니다. 바위가 전혀 옮겨지지 않았습니다." 그랬더니 하나님의 음성이 들렸다. "나는 너에게 바위를 옮기라고 한 적이 없다. 그냥 밀라고 했다. 거울을 보거라." 남자는 거울 앞에 서서 자신을 보았다. 그동안 몰라보게 건강해져서 근육도 생기고, 항상 하던 기침도 언제부터인지 하지 않게 되었다는 것을 깨달았다. 바위가 옮겨진 것이 아니라 자신이 변화된 것이다. 하나님께 순종하면 '내가 원하는 것'이 아니라 '하나님의 위대한 뜻'이 이루어진다. –한기채, 국민일보 「겨자씨」

❻ 아브람은 75세에 하란을 떠날 때 무엇을 따라갔습니까?(12:4)

❼ 하나님의 말씀에 순종해서 마침내 가나안 땅에 도착했지만, 그 땅에는 이미 누가 거주하고 있었습니까?(12:6)

* 하나님의 말씀과 현실의 괴리감 사이에서 아브람이 어떻게 반응하는지 주목해야 한다.

❽ 말씀과 현실 사이에서 혼란스러워하는 아브람에게 하나님은 무엇을 약속하십니까?(12:7)

❾ 하나님의 약속으로 확신을 얻은 아브람이 반복한 행동은 무엇입니까?(12:7-9)

더 깊은 연구와 묵상을 위하여

❶ 갈대아 우르와 하란이 같듯이 데라의 절반의 순종은 불순종과 같습니다. 여러분은 어떤 상황에서 온전하게 순종하지 못합니까? 그 이유는 무엇입니까?

❷ 여러분은 말씀과 현실 사이에서 괴리감이 느껴질 때, 무엇을 더 붙잡으려고 노력합니까?

적용을 위한 글

데라와 아브람은 각각 하나님의 부르심을 받고 우르를 떠났지만 데라는 절반의 순종으로, 아브람은 온전한 순종으로 반응했다. 본문은 이 두 가지 반응을 대조하여 우리에게 결단을 요구한다. 주님의 부르심에 반응하려면 온전하게 반응해야 한다. 주님의 부르심에 대한 지체나 정체는 불순종이다. 즉각적이고 온전한 순종만이 믿음의 반응이다. 무엇이 여러분을 지체하게 하는지 점검해야 한다. 아브람처럼 말씀을 즉각적으로 온전하게 따라가야 한다. 가나안으로의 여행은 눈에 보이는 확신이 없는 길이었지만, 아브람은 하나님의 말씀을 따라갔다. 하나님의 말씀을 환경보다 신뢰했기 때문이다. 믿음의 사람은 환경이나 사람의 말보다 하나님의 말씀을 더 신뢰하며 순종으로 반응하는 사람이다.

적용 및 결단을 위한 질문

❶ 아브람이 하나님의 말씀에 믿음으로 반응할 때 예수 그리스도와 연결되었습니다. 하나님이 여러분도 복의 근원이신 예수님과 연결하셨음을 믿습니까?

❷ 말씀을 따라가는 삶이 불안전하고 불확실할지라도 여러분은 말씀을 따라가겠습니까?

20 약속을 잊어버림

본문 창세기 12:10–20

외울말씀 그 땅에 기근이 들었으므로 아브람이 애굽에 거류하려고 그리로 내려갔으니 이는 그 땅에 기근이 심하였음이라 (10절)

도입을 위한 글

하나님이 죄에 대해 어떻게 느끼시는지 우리는 정확히 파악할 수는 없다. 하지만 하나님은 거룩하시기 때문에 범죄는 그분을 거역하는 것이다. 그만큼 주님과 우리 사이의 친밀도는 죄의 영향을 받는다. 죄를 약화하거나 경시하지 말라. 하나님은 절대 그러지 않으신다. 거짓말은 '거짓말'이라고 자백하라. '실수'로 치부하지 말라. 하나님이 '죄'라고 부르는 것을 여러분도 '죄'라고 말하라. 우리가 그렇게 죄를 자백하면 어떤 일이 생기는가? 하나님은 미쁘시고 의로우신 분이며 신실하시다. 또한 사랑과 긍휼이 많으시다. 그런 하나님은 "우리 죄를 사하시며 우리를 모든 불의에서 깨끗하게"(요일 1:9) 하기 위해 지체하지 않으신다.

–래리 모이어, 「서른한 번의 새아침」

도입을 위한 질문

❶ 여러분은 죄를 죄가 아닌, 잠깐의 실수로 가볍게 넘길 때가 있습니까?

❷ 인생은 선택의 연속입니다. 여러분은 주로 무엇을 기준으로 선택합니까?

본문 질문

❶ 약속의 땅에 심한 기근이 들었습니다. 이에 아브람은 어디에 거류하려고 내려갔습니까?(10절)

* 애굽(10절): 나일 강이라는 풍부한 수원(水原)이 있는 땅이다.

❷ 애굽에 가까이 왔을 때 아브람은 무엇을 염려했습니까?(11-12절)

❸ 아브람은 자신의 목숨을 보존하기 위해 어떠한 편법을 썼습니까?(13절)

* 하나님은 사래를 통해 큰 민족이 나올 것이라는 약속을 분명하게 하셨다. 하지만 아브람은 약속을 잊은 채 분주하게 자신의 목숨을 건질 방법만을 생각했다.

❹ 아브람은 자신의 예상대로 목숨은 건졌지만 사래는 어떤 상황에 직면했습니까?(14-16절)

* 이끌어들인지라(15절): 이는 후궁으로 간택하기 위한 절차를 말한다.
* 후대(16절): 바로는 사래를 후궁으로 취하는 조건으로 아브람에게 결혼지참금을 주었다.

❺ 다음 글을 읽고 하나님이 원하시는 계획에 대해 정리해보십시오.

인간은 계획을 세우고 자신의 인생이 그것에 따라 이루어지길 소원한다. 계획은 인간 사고의 주도면밀한 사색과 추론과 기대의 결과이다. 그러므로 계획은 사람의 특권이자 의무이다. 그러나 누구도 자신의 미래가 계획대로 만들어질 것을 확신하지는 못한다. 여기에 인간 실존의 한계와 불안이 있다. 그래서 우리는 계획하기에 앞서 기도해야 한다. 기도는 삶의 주인이 인생이 아닌 하나님이심을 고백하는 행위이다. 인간이 자신의 미래를 계획하며 기도할 때 자신의 소원보다 먼저 하나님의 뜻을 그 계획 속에 포함해야 한다. 이것은 하나님의 말씀을 전적으로 반영하는 것을 의미한다. 하나님과의 관계의 성숙과 말씀에 대한 수행 등이 반드시 포함되어야 한다. —이동원

❻ 하나님은 아브람의 계획에 어떻게 개입하십니까?(17절)

* 아브람은 복의 근원이 아니라 재앙의 근원이 될 뻔 했다.

❼ 바로는 아브람을 무엇이라고 꾸짖었습니까?(18–19절)

❽ 하나님은 아브람의 처지를 어떻게 역전시키셨습니까?(20절)

더 깊은 연구와 묵상을 위하여

❶ 여러분은 눈에 보이는 이익을 위해서 여러분이 그리스도인임을 잊은 채, 세상과 타협하고 있지는 않습니까?

❷ 여러분의 안전을 책임지시는 분은 누구입니까?

적용을 위한 글

눈에 보이지 않는 하나님보다 눈에 보이는 상황들이 더 신뢰가 갈 때가 있다. 아브람은 기근의 상황이 하나님보다 두려웠던 것이다. 그래서 하나님의 약속을 잊어버렸다. 아브람은 애굽으로 가기 전에 하나님께 먼저 기도를 했어야 했다. 그러나 아브람은 자신의 짧은 지식과 경험으로 애굽 행을 결정했다. 그것은 불신앙적인 결정이었다. 애굽이 자신의 안전을 보장해주리라고 믿었던 것이다. 애굽을 바라보는 순간, 하나님을 신뢰하던 아브람의 믿음이 사라졌다. 그는 자신의 지혜로 안전을 확보하려고 했지만, 그럴수록 점점 더 큰 위기로 빠져들어 갔다. 하지만 은혜의 하나님이 아브람에게 다시 한번 기회를 주신다. 애굽에서의 실패는 아브람의 마음속 깊이 새겨져 그를 더욱 성숙하게 했다.

적용 및 결단을 위한 질문

❶ 아브람의 애굽 행(行)은 스스로 결정한 것입니다. 요즘 여러분이 하나님께 기도하지 않고 결정하는 것은 무엇입니까?

❷ 요즘 그리스도인들과 교회에 대한 세상의 꾸짖음이 커지고 있습니다. 여러분은 그것에 대해 어떻게 생각합니까?

21 회복과 불신앙

| 본문 창세기 13:1-18

| 외울말씀 아브람은 가나안 땅에 거주하였고 롯은 그 지역의 도시들에 머무르며 그 장막을 옮겨 소돔까지 이르렀더라 (12절)

도입을 위한 글

유난히 날씨가 춥던 어느 겨울, 공교롭게도 마실 물이 떨어졌었다. 샘에 연결한 수도관이 얼어서 물이 흐르지 못했기 때문이었다. 그래서 나는 언 땅을 파고 소형 발염(發炎)장치로 언 수도관을 녹였다. 그랬더니 물의 흐름이 원활해졌다. 그 후, 나는 종종 그 샘을 성령에 비유한다. 성령께서 어떠한 상황에서도 도움의 손길을 멈추지 않으신다. 우리 집 뒤에 있던 마르지 않는 샘처럼 말이다. 그렇지만 '죄'는 마치 수도관을 얼렸던 그 얼음과 같다. 영적인 나태함 때문에 우리 영혼은 얼어붙고, 성령께서 주시는 생명의 물은 차단된다. 막힌 것을 뚫고 흐름을 회복하는 유일한 방법은 바로 '회개'하는 것이다. 여러분의 영적인 삶이 마르고 황폐해졌다면, "하나님이여 나를 살피사…내게 무슨 악한 행위가 있나 보시고 나를 영원한 길로 인도하소서"(시 139:23-24)라고 기도하라.

―빌리 그레이엄, 「사랑하라 너무 늦기 전에」

도입을 위한 질문

❶ 여러분이 하나님의 사랑과 은혜를 처음으로 경험했던 때는 언제입니까?

❷ 그때와 지금의 여러분을 비교할 때, 무엇이 다릅니까?

본문 질문

❶ 아브람은 애굽으로 갔던 실수를 깨달은 후, 다시 벧엘로 돌아갔습니다. 그리고 그는 벧엘과 아이 사이에 이르렀는데, 그곳은 어떤 곳이었습니까?(3–4절)

* "장막"(3절)과 "제단"(4절)이라는 관점에서 창세기 12:7–8과 비교해보십시오.

❷ 아브람의 목자와 롯의 목자들이 다툰 이유는 무엇입니까?(5–7절)

❸ 그들이 다투는 모습을 누가 지켜보고 있었습니까?(7절)

❹ 아브람은 롯과 자신의 목자들 사이의 다툼을 막기 위해 무엇을 포기했습니까?(8–9절)

* 아브람은 눈에 보이는 이익보다 하나님의 약속을 믿었기 때문에 의연한 모습을 보일 수 있었다.

❺ 다음 글을 읽고 첫사랑의 회복에 대해 정리해보십시오.

젊은 시절 예수님을 영접하고 너무 행복하게 지냈던 한 성도가 어느 날부터인가 주님을 향한 첫사랑을 잃고 30년 동안 방황했다. 그 후 그의 인생에는 온갖 환난과 풍파가 닥쳐왔다. 하지만 그에게 그것보다 더 고통스러웠던 것은 주님과의 첫사랑을 잃어버린 후, 지옥과 같아진 자신의 삶이었다. 그는 첫사랑을 찾기 위해 안 해본 것이 없었다. 많은 사람들을 만나기도 했지만 원인을 알 수 없었고, 엉뚱한 것을 들먹이며 그를 정죄하는 사람들이 대부분이었다. 결국 그는 한 형제의 소개로 나를 찾아왔고, 나는 그에게 다른 무엇도 아닌 오직 복음만을 힘있게 전파했다. "성도님 안에 그리스도가 살아 계십니다. 성도님 안에 계신 그리스도는 충만히 계신 분입니다." 그는 눈물을 흘리며 그 첫사랑을 회복하게 되었다. —김열방

❻ 롯은 소돔과 고모라를 선택하고 장막을 옮겼습니다. 그 땅은 어떤 곳이며, 그곳에는 어떤 사람들이 거주하고 있었습니까?(10–13절)

* 롯이 소돔과 고모라를 선택한 이유는 그 땅의 영적 상태가 아닌, 애굽과 같은 넉넉한 물이 있었기 때문이다.

❼ 하나님은 롯이 아브람을 떠난 후에 아브람을 찾아가셔서 그에게 어떤 약속을 하셨습니까?(14–17절)

❽ 하나님의 약속을 다시 확인한 아브람은 어디에서 무엇을 합니까?(18절)

* 제단을 쌓았더라(18절): 이는 그 땅의 주인이 하나님 되심을 고백하는 믿음의 반응이다.

더 깊은 연구와 묵상을 위하여

❶ 벧엘과 아이 사이는 아브람에게 첫사랑의 장소요, 은혜의 감격이 있었던 장소였습니다. 여러분이 회복해야 할 첫사랑과 은혜에 대해 나눠보십시오.

❷ 여러분은 삶에 갈등과 외로움이 있어도 아브람처럼 하나님의 음성을 붙잡고 믿음을 지킬 수 있습니까?

적용을 위한 글

여러 가지 상황으로 인해 영안이 어두워져 하나님을 볼 수 없었던 아브람이 다시 하나님을 보기 시작했다. 다시 하나님의 약속을 붙잡고 약속의 땅에 머물기 시작한 것이다. 여러분에게도 항상 새 창조의 역사가 있어야 한다. 언덕 위의 수레는 앞으로 전진하지 않으면 결국 뒤로 미끄러질 수밖에 없다. 세찬 강물을 거슬러 올라가는 연어처럼, 여러분은 영적 성숙의 목표점까지 올라가야 한다. 한편, 아브람은 공동체의 싸움이라는 또 다른 위기를 믿음으로 이겨낸다. 양보와 배려와 사랑만이 경쟁으로 가득한 세상을 평화롭게 만들 수 있다. 반면, 롯은 보다 많은 이익과 안정을 위해 소돔을 선택했다. 그러나 중요한 것은, 소돔은 하나님을 믿지 않는 땅이었다는 것이다. 눈에 보이는 이익 때문에 신앙의 정절을 버렸던 롯은, 결국 그 땅에서 모든 것을 잃게 되었다.

적용 및 결단을 위한 질문

❶ 아브람의 양보는 공동체의 위기를 극복하게 했습니다. 여러분은 가정과 교회와 직장에서 공동체를 위해 기꺼이 불이익과 손해를 감수하고 있는지 함께 나눠보십시오.

❷ 여러분은 아브람처럼 눈을 들어 하나님을 바라봅니까, 아니면 롯처럼 눈을 들어 물질적인 성공을 바라봅니까? 여러분의 눈이 어디를 향해 있는지 함께 나눠보십시오.

22 안전과 재물을 빼앗긴 롯

본문 창세기 14:1-12

외울말씀 소돔에 거주하는 아브람의 조카 롯도 사로잡고 그 재물까지 노략하여 갔더라 (12절)

도입을 위한 글

다음은 영화 「사운드 오브 뮤직」의 실제 모델인 마리아의 자전소설 「Story of the Trapp Family Singers」에 나오는 이야기다. 트랩 일가는 제2차 세계대전 직전에 새롭게 권력을 장악해 나가던 나치에 밉보이게 되었다. 그리하여 정든 고향인 오스트리아를 떠나 스위스로 피신해야 했다. 히틀러의 군대가 오스트리아에 접근해 오자, 그들은 한 교회에 숨어있다가 겨우 시골로 도망쳤다. 그들은 자유를 찾아 험준한 알프스 산맥을 넘어서 마침내 미국 버몬트에 정착하게 되었고, 그들의 뛰어난 음악 실력은 전 세계에서 유명해졌다. 비록 떠나온 고향 땅에 많은 재산을 남겨두었지만, 그들은 자유를 위해서라면 그런 것들은 얼마든지 포기할 수 있었다. 트랩 일가가 나치로부터 벗어났듯이, 여러분도 예수님으로 인하여 죄의 굴레와 압제로부터 벗어나게 되었다. 여러분은 트랩 일가처럼, 영적 자유를 위해 세상이 귀하게 여기는 것들을 어느 정도 포기해야만 한다. 그때, 여러분이 누릴 영적 자유와 천국에서의 상급은 그 모든 것을 보상하고도 남는다.

-맥스 앤더스, 「Main Idea로 푸는 갈라디아서, 에베소서, 빌립소서, 골로새서」

도입을 위한 질문

❶ 여러분은 평생 가난한 신자와 평생 부자이지만 불신자의 인생 중 어느 것을 택하겠습니까?

❷ 하나님의 백성들은 누구를 왕으로 삼고 살아야 합니까?

본문 질문

❶ 동방의 왕들 사이에서 전쟁이 일어났습니다. 엘람 왕 그돌라오멜을 중심으로 연합한 왕들은 누구입니까?(1, 9절)

* 시날(1, 9절): 이는 남부 메소포타미아의 평야이다.
* 엘라살(1, 9절): 앗수르의 고대식 지명이다.
* 엘람(1, 9절): 메소포타미아 동쪽 땅 전체를 말한다.
* 고임(1, 9절): 현재의 터키 동쪽 지역이다.
* 시날, 엘라살, 엘람, 고임은 모두 가나안을 기준으로 북동쪽에 위치한 나라들이었다.

❷ 북부 연합군에 대항한 가나안 지역 다섯 개 나라들과 그곳의 왕들은 누구입니까?(2절)

❸ 이 두 연합군은 전쟁을 하기 위해 언제 어디에 모여있었습니까?(3-4절)

❹ 그돌라오멜 연합군은 왕의 대로를 따라 북쪽에서 남쪽으로 한 나라씩 점령하면서 가나안 지역으로 내려왔습니다. 북부 연합군의 정복 여정을 정리해보십시오(5-8절).

❺ 다음 글을 읽고 진정한 반전 운동에 대해서 정리해보십시오.

얼마 전 세계적으로 유명한 「TIME」지에 '기록된 인류의 역사가 5,561년인데, 그동안에 전쟁이 14,531번이 있었다'는 기사가 실렸다. 이를 통해 지나간 5,000년 간 해마다 세계 곳곳에서 전쟁이 평균적으로 약 두 번씩 있었다는 결론이 나온다. 그에 대한 전쟁 비용은 다음과 같다. 한 사람의 적군을 죽이는 데 들어간 비용이 주전 54년 시저 시대에는 미국 달러로 75불, 나폴레옹 시대에는 3천불, 제1차 세계대전 때에는 2만 1천불, 제2차 세계대전 때에는 20만불이었다. 만약 제3차 세계대전이 일어날 경우에 한 사람의 적군을 죽이는 데 들어갈 비용을 예상해보니 미국 달러로 100만불, 우리나라 원화로는 10억원이 들어간다고 한다. 적군 한 명 죽이는 데, 10억이라는 돈을 들여서 나라를 지키고 국민의 재산을 보호하느라 지금도 세상에서는 전쟁을 계속하고 있는 것이다. 여러분이 이웃을 사랑하면 세상의 평화가 시작된다. 가장 적은 경비로 세상에 평화를 심으라. –김장환, 「큐티 365」

❻ 본문에 나오는 전쟁의 결과를 자세하게 정리해보십시오(10절).

* 역청(10절): 이는 송진을 기름에 넣고 끓여서 식힌 것으로, 천연 아스팔트의 역할을 한다.

❼ 하나님은 북부의 왕들을 통해 소돔과 고모라의 죄악을 벌하셨습니다. 소돔과 고모라는 네 왕에게 무엇을 빼앗겼습니까?(11절)

❽ 하나님이 하신 약속을 버리고 안전과 재물을 좇아갔던 롯은 어떻게 되었습니까?(12절)

더 깊은 연구와 묵상을 위하여

❶ 아브람이 계속해서 머물렀던 약속의 땅은 모든 것이 다 갖추어진 풍요의 땅이었습니까, 아니면 부족과 결핍과 싸움과 혼돈으로 인해 하나님만 의지할 수밖에 없는 땅이었습니까?

❷ 전쟁은 하나님의 창조의 빛을 위협하는 어둠입니다. 그리스도인은 반전(反戰) 운동에 어떠한 태도를 취해야 한다고 생각합니까?

적용을 위한 글

생각보다 많은 성도들이 성경에 나오는 약속의 땅인 가나안을 젖과 꿀이 흐르는 풍요의 땅이라고 생각한다. 하지만 아브람에게 가나안은 풍요와는 정 반대의 땅이었다. 굶주림과 기근이 있고, 전략적 요충지이기에 늘 주변 강대국의 전쟁이 끊이지 않았다. 그렇다면 아브람은 왜 그런 땅에 머물렀는가? 그것은 하나님의 약속 때문이다. 하지만 롯은 이 약속을 저버렸다. 그는 결국 세상의 전쟁에 휘말리게 되었고 안전과 재물 모두를 잃어버렸다. 그처럼 하나님 없이 이 세상에서 명예와 형통을 누릴 수 있다고 착각하면 안 된다. 결국은 죽음 앞에서 그 모든 것이 사라질 것이기 때문이다. 최종적으로 남는 것은 여러분의 인격이다. 여러분이 얼마나 하나님께 순종했는가를 기준으로 평가받게 될 것이다.

적용 및 결단을 위한 질문

❶ 침략한 그돌라오멜과 반역한 가나안 연합군의 목적은 결국 자신의 이익이었습니다. 요즘 여러분의 이해관계 때문에 주변과 싸우고 있지는 않습니까?

❷ 하나님의 백성인 여러분은 여러분의 안전과 부요함이 오직 하나님 안에 있음을 믿고 그렇게 살아가고 있습니까? 여러분이 아직도 세상적 권력과 유혹에 눈을 돌리고 있지는 않은지 생각해보고 함께 나눠보십시오.

23 아브람의 영향력

본문 창세기 14:13-24

외울말씀 그가 아브람에게 축복하여 이르되 천지의 주재이시요 지극히 높으신 하나님이여 아브람에게 복을 주옵소서 (19절)

도입을 위한 글

어느 대형 교회에 영향력 있는 목사로 사역하던 한 사람이 어느 날 갑자기 목회에 대한 의욕을 상실했다. 그의 친구가 찾아와 위로하려고 애썼지만, 모두 허사였다. 절망이 극에 달한 그 목사는 이렇게 탄식했다. "이봐, 나 정말 옥상에서 뛰어내리고 싶어!" 그러자 친구는 이렇게 말했다. "그렇게 해보게. 그러면 아마 천 명도 넘는 성도들이 자네를 똑같이 따라 할걸세." 그리스도인은 다른 이들의 꿈을 키워주는 사람들이다. 그래서 하나님은 시간이 지날수록 여러분이 더 많은 영향력을 행사하도록 인도하신다. 만약 여러분이 그리스도인으로서 본을 보이지 못한다면 다른 사람들도 유혹에 쉽게 빠질 수 있다. 그런 영향력은 상온에 방치한 우유처럼 이내 변질되어 버린다. 모든 그리스도인에게는 누군가에게 영향력을 행사할 수 있는 은사가 있다. 그것을 어떻게 사용하느냐에 따라 여러분이 하나님께 받을 유산이 결정된다. 그러므로 여러분의 영향력을 잘 관리하도록 하라.

-웨인 코데이로, 「꿈을 키워주는 사람」

도입을 위한 질문

❶ 여러분은 다른 사람들에게 어느 정도의 영향력을 끼치고 있습니까?

❷ 여러분은 주로 어떤 측면에서 다른 사람들에게 영향력을 끼치고 있습니까?

본문 질문

❶ 복의 근원인 아브람은 어디에서 누구와 동맹을 맺고 평화롭게 살고 있었습니까?(13절)

* 유목 생활을 하며 평화롭게 살고 있던 아브람과 서로 전쟁을 하며 경쟁하는 동방나라의 왕들은 서로 대조를 이룬다.

❷ 아브람은 자신의 조카 롯의 소식을 듣고 어떻게 반응했습니까?(14절)

❸ 318명의 훈련된 자들은 막강한 그돌라오멜의 군대를 어떻게 했습니까?(15절)

❹ 하나님은 복의 근원인 아브람을 승리하게 하셨습니다. 아브람을 통해 롯이 되찾게 된 것은 무엇입니까?(16절)

❺ 다음 글을 읽고 그리스도인의 선한 영향력에 대해 정리해보십시오.

> 여러분이 예수님의 강한 군사로서 영향력을 끼치는 인생을 살려면 어떻게 해야 하는가? 그 열쇠는 바로 '선'(善)에 있다. 강도가 겉옷을 뺏으려 한다면 더 강력한 무기인 '선함'으로 속옷까지도 주라. 그러면 여러분도 살고 그의 영혼도 살리게 되는 것이다. 대한민국 최초의 국제회의 통역사인 최정화 교수가 「엔젤 아우라」라는 책을 썼다. 'Aura'란 사람이 가진 '선한 기운'을 말한다. 최 교수는 자신이 만난 성공한 리더들은 능력이나 재능, 재력, 지위가 탁월한 것이 아니라 선한 기운을 탁월하게 갖고 있었다고 말한다. 한 번 뺨을 맞았다고 너무 흥분하지 말라. 갑자기 겉옷을 빼앗겼다고 독기를 품지도 말라. 지금 당장은 손해인 듯하지만, 여러분의 선한 영향력은 반드시 보상받게 될 것이다. 선한 영향력은 그런 논리를 뛰어넘는 선한 마음에서 그 능력이 발휘된다.
>
> —황형택, 「언제나 희망은 남아 있다」

❻ 살렘 왕 멜기세덱이 개선하는 아브람을 맞이했습니다. 멜기세덱은 무엇을 가지고 나왔으며, 무엇이라고 아브람을 축복했습니까?(18-19절)

* 살렘 왕 멜기세덱(18절): 그는 대제사장인 예수 그리스도를 예표한다(히 7:2-3).

❼ 아브람은 멜기세덱의 제사장적인 섬김에 무엇으로 보답했습니까?(20절)

❽ 소돔 왕은 아브람과 하나님께는 무관심하고, 오직 되찾은 군사와 물품에 만 관심이 있었습니다. 아브람은 이런 세상적인 소돔 왕을 어떻게 대했습니까?(22–24절)

아브람의 하나님에 대한 고백(22절)	물품에 관한 문제(23–24절)

더 깊은 연구와 묵상을 위하여

❶ 아브람은 작은 부족을 이루고 있었지만 주변 사람들과 평화롭게 살았습니다. 여러분은 경쟁을 통한 더 많은 소유를 추구합니까, 아니면 양보를 통한 평화를 추구합니까?

❷ 여러분은 고통당하는 친척에 대해서 즉각적인 도움의 손길을 베풀고 있습니까?

적용을 위한 글

그돌라오멜 연합군은 가나안의 5개국 연합군도 당해내지 못할 만큼 막강한 군대였다. 하지만 하나님과 함께 하는 318명의 훈련된 자들로 구성된 아브람의 가정 군대는 세상의 막강 군대를 크게 물리쳤다. 성경에는 이런 사례가

많다. 여러분은 약하지만 하나님은 강하시다. 하나님의 백성들은 환경이나 연약한 자신을 신뢰하지 않고, 천지의 주재이신 하나님만을 의지하는 사람들이다. 한편, 본문에서는 하나님만을 의지하는 작고 평범한 유목민인 아브람과 자신의 군사력만 믿는 거대한 연합군의 군주들이 극명한 대조를 이루고 있다. 여기서 성경은 아브람의 손을 들어준다. 또한 아브람과 롯도 대조를 이룬다. 약속의 땅에 계속 머물렀던 아브람은 축복을 받았지만 세상을 쫓아간 롯은 멸망을 맞이했다. 아브람을 환영한 두 왕도 대조가 된다. 아무런 계산 없이 아브람을 축복했던 멜기세덱에 비해 소돔 왕은 계산적이었다. 여러분은 어느 편에 선 사람이 될 것인지 선택해야 한다.

적용 및 결단을 위한 질문

❶ 멜기세덱과 아브람은 하나님의 눈으로 역사를 해석했습니다. 하나님의 백성인 여러분은 어떤 눈으로 역사를 보고 있는지 함께 나눠보십시오.

❷ 아브람은 사사로운 이해관계에 매달리지 않고 관대한 사랑의 법으로 다른 사람들을 섬겼습니다. 아브람의 삶을 보면서 여러분은 어떤 자세로 살고 있는지 함께 나눠보십시오.

24 아브람아 두려워하지 말라

본문 창세기 15:1–21

외울말씀 이 후에 여호와의 말씀이 환상 중에 아브람에게 임하여 이르시되 아브람아 두려워하지 말라 나는 네 방패요 너의 지극히 큰 상급이니라 (1절)

도입을 위한 글

네덜란드의 전직 장관인 헨크 프레델링(Henk Vredeling)는 2차 세계대전 때 네덜란드 저항군으로 활동했다. 어느 날 그는 매우 위험한 작전에 투입되었다. 그는 양말 속에 독일 잠수함 기지에 대한 정보를 담은 문서를 숨겨 기차에 올랐다. 그런데 어디선가 갑자기 기차가 멈췄다. 독일군들이 검문을 위해 기차 안으로 들어오는 것이 보였다. 두려움이 프레델링을 엄습했다. 그는 수십 년이 지난 지금에도 기차 한 칸 한 칸을 뒤지며 다가오는 독일군의 모습, 기차 칸막이 문을 세차게 닫는 소리, 저벅저벅 들려오는 독일군의 군화 소리, 그 모든 것이 생생하게 기억난다고 말했다. 드디어 그들이 프레델링이 탄 칸에 들이닥쳤다. 그의 얼굴은 사색이 되었다. 바로 그때 기차 창 밖으로 너무나 푸른 하늘이 보였다. 두려움 속에서 말씀 한 구절이 떠올랐다. "내가 사망의 음침한 골짜기로 다닐지라도 해를 두려워하지 않을 것은 주께서 나와 함께 하심이라"(시 23:4). 그 순간에 대해 프레델링은 다음과 같이 말했다. "갑자기 무서움이 사라졌습니다. 두려움의 사슬에서 풀려난 것입니다. 그래서 나는 이렇게 생각했습니다. 올 테면 오라! 그들이 내게 무슨 짓을 하겠는가?" 이는 여러분이 하나님을 완전히 신뢰할 때 여러분에게도 일어날 수 있는 일이다. 하나님을 신뢰할 때 여러분은 두려움에서 해방될 것이다.

–류호준, 「예수님을 따르는 삶」

도입을 위한 질문

❶ 여러분이 혼자라는 생각에 힘들었던 적이 있습니까?

❷ 여러분은 주로 무엇 때문에 두려워하고 염려합니까?

본문 질문

❶ 하나님은 보복에 대한 두려움과 외로움에 사로잡혀 있었던 아브람에게 찾아가셔서 무엇이라고 말씀해주셨습니까?(1절)

❷ 아브람은 상속자 없이 점점 나이만 먹어가는 자신을 보면서 하나님께 무엇이라고 하소연을 했습니까?(2–3절)

❸ 하나님은 아브람의 몸에서 상속자가 태어날 것이라고 약속하시면서, 그 증거로 무엇을 보여주셨습니까?(4–5절)

❹ 아브람은 하나님의 약속에 대해 어떻게 반응함으로 의롭다 여기심을 받았습니까?(6절)

❺ 다음 글을 읽고 시련 속에서 하나님을 신뢰한다는 것에 대해 정리해보십시오.

> 여러분의 삶을 풍성하게 하는 것은 믿음의 시련인데, 그 과정은 다음과 같다. 여러분이 매번 믿음을 가지고 앞으로 나아갈 때마다, 여러분은 하나님이 여러분의 믿음대로 행하실 것으로 예상한다. 그러나 오히려 현실은 정반대로 진행될 것이다. 바로 이때 상식을 의지하기보다는 하나님께 확신을 두고 그 믿음의 시련을 통과해야 한다. 그러면 여러분은 하늘에 복을 쌓게 될 것이다. 더 많은 믿음의 시련을 지날수록 하늘에서 여러분의 상급은 점점 풍요롭게 될 것이다. 그래서 마침내 여러분은 기쁨으로 고난을 통과할 수 있게 되고, 주변 사람들은 여러분의 엄청난 믿음의 부요함이 어디서 왔는지 부러워할 것이다. 그것은 바로 '믿음의 시련'을 통과한 데서 온 것이다.
>
> –오스왈드 챔버스, 「오스왈드 챔버스의 산상수훈」

❻ 하나님은 씨에 대한 약속에 이어 땅에 대한 약속을 확인시켜주시기 위해 아브람과 저주의 언약을 맺으려고 하십니다. 하나님이 아브람에게 준비시키신 제물은 무엇입니까?(9–10절)

* 저주의 언약은, 약속을 어길 경우 자신의 몸이 제물처럼 쪼개져도 좋다는 의미이다.

❼ 쪼갠 고기 사이로 무엇만 지나갔습니까?(17절)

* 쪼갠 고기 사이로 아브람이 지나가지 않았다는 것에 주목해야 한다. 하나님만 지나가심으로, 일방적이고 무조건적인 언약이 되었다.

❽ 하나님은 깊은 잠에 빠진 아브람에게 이스라엘 자손과 땅에 대한 구체적인 계획을 보여주셨습니다(12-16절). 그때, 아브람의 자손은 몇 년 동안 이방에서 객이 될 것이라고 하셨습니까?(13절)

더 깊은 연구와 묵상을 위하여

❶ 아브람은 하나님에 대한 믿음이 있었습니다. 여러분은 믿음과 자기 신념의 결정적인 차이가 무엇이라고 생각합니까?

❷ 하나님이 믿음의 조상 아브람에게 씨와 땅을 주신 것처럼 그리스도인들에게도 하나님의 나라를 주셨습니다. 하나님의 나라를 여러분에게 주시기 위해 독생자 예수님을 내어주신 하나님의 사랑을 깊이 묵상해보십시오.

적용을 위한 글

아브람은 점점 하나님에 대해서 더 깊이 알아갔다. 그러나 아브람은 외롭고 두려웠다. 주위를 둘러보니 아무도 없는 것 같았다. 하나님의 약속도 성취되지 않는 것 같았다. 그때 하나님이 아브람을 친히 찾아오셨다. 그리고 그에게 씨와 땅에 대한 약속과 증거를 보여주셨다. 이렇듯 하나님의 사람들은 여러분을 찾아오시는 하나님을 경험하고 체험해야 한다. 그리스도인들의 마음속에는 성령이 계신다. 성령을 통한 주님의 임재를 경험해야 한다. 하나님은 하나님의 백성인 여러분에게 하나님의 계획을 알려주시길 원하신다. 믿음으로 하나님만을 굳게 신뢰하며 나아갈 때, 상황을 뛰어넘는 하나님의 비전이 보이기 시작할 것이다. 눈에 보이는 환경이 어떠하든지 하나님의 인도하심을 믿고 주님 안에 거해야 한다.

적용 및 결단을 위한 질문

❶ 아브람은 자신에게 씨와 땅을 주시겠다는 하나님의 약속에 대한 증거를 요구했습니다. 이것이 아브람의 믿음의 현주소였습니다. 여러분의 믿음의 현주소는 어디입니까? 여러분은 여러분의 믿음의 한계를 솔직하게 인정하며 도움을 요청하고 있는지 함께 나눠보십시오.

❷ 하나님은 아브람을 점진적으로 인도하셨습니다. 여러분은 단번에 큰일을 하고 싶은 욕망으로 조바심내다가 좌절했던 경험이 있는지 함께 나눠보십시오.

25 나를 살피시는 하나님

본문 창세기 16:1-16

외울말씀 하갈이 자기에게 이르신 여호와의 이름을 나를 살피시는 하나님이라 하였으니 이는 내가 어떻게 여기서 나를 살피시는 하나님을 뵈었는고 함이라 (13절)

도입을 위한 글

사람들은 자신의 모든 요구와 필요가 즉각적으로 응답되기를 원하지만, 주님은 그렇게 하지 않으신다. 오히려 어떤 때는 여러분이 답답할 정도로 천천히 문제를 해결해주신다. 나사로의 누이 마리아는 "주께서 여기 계셨더라면 내 오라버니가 죽지 아니하였겠나이다"(요 11:21)라고 말하면서 예수님께 섭섭한 마음을 숨기지 않았다. 그렇지만 주님은 나사로의 무덤으로 가셔서 그를 불러내어 살리시는 가장 극적인 기적을 행하신다. 주님은 주님의 시간에 맞춰 오셨을 뿐, 결코 늦게 오신 적이 없다. 다만 그 시간이 여러분의 바람과 달랐을 뿐이다. 분명히 주님은 여러분과는 다르게 시간과 능력을 사용하신다. 주님은 결코 시간에 쫓겨 서두르시는 분이 아니다. 더욱이 분명한 것은, 주님은 의로우시며 그분의 시간은 항상 완벽하다는 것이다. 바로 그 주님이 여러분의 유익을 위해 가장 적절한 때에 여러분을 찾아오시기 때문에 여러분은 주님의 응답을 받기 전에는 함부로 속단하거나 포기해서는 안 된다. 모순되는 것 같은 어려운 상황 속에서도 하나님을 향한 믿음만을 굳게 바라봐야 한다. -강안삼

도입을 위한 질문

❶ 여러분의 인생을 향한 하나님의 시간표가 있다고 생각합니까?

❷ 여러분은 '기도하고 기대하며 기다리라'는 말을 들을 때 어떤 생각이 듭니까?

본문 질문

❶ 10년 넘게 출산을 못하자 사래는 아브람에게 무엇을 제안했습니까?(1-2절)

* 내 여종에게 들어가라(2절): 고대 근동에서는 아내가 첩을 통해 대를 잇는 것이 합법이었다.

❷ 사래의 제안은 합법적이며 정당해 보였습니다. 이때 아브람은 누구의 말을 듣고 따랐습니까?(2, 4절)

❸ 아브람과 사래의 불순종으로 인해 주인과 종, 아내와 남편과의 관계 안에 어떤 무질서가 생겼는지 정리해보십시오.

주종관계	여종 하갈(4절)		교만
	여주인 사래(6절)		보복
부부관계	아내 사래(5절)		원망
	남편 아브람(6절)		책임 회피

❹ 다음 글을 읽고 기다림에 대해 정리해보십시오.

성경은 기다림에 대한 이야기로 가득하다. 하나님께 쓰임 받은 사람들을 보면 잘난 사람들보다는 잘 기다렸던 사람들임을 알 수 있다. 아브라함은 25년을 자녀에 대한 기다림으로 힘들어했다. 모세는 외로운 광야에서 사명에 대한 목마름으로 40년간이나 초라하고 비참한 굴욕의 세월을 보냈다. 요셉은 상처와 억울함으로 얼룩진 13년을 혈육에 대한 그리움과 아픔으로 감내했다. 야곱은 성숙과 축복에 대한 사무침으로 21년간이나 실망과 시행착오의 세월을 보냈다. 하나님은 사람들을 '기다림'이라는 용광로에 던져 타오르게 하신 후에 결국은 녹게 하신다. 마지막에는 기다릴 힘과 이유조차도 제거하신 뒤에 그냥 눈떠있으므로 아침을 열고, 살아있으므로 하루를 살아가야만 하는 존재로 만드신다. 그러나 지나고 보면 기다림의 과정을 통해 여러분은 낮아지고 작아지며 정화될 수 있었음을 깨닫게 된다. 인간은 우매하여 그때 조금만 기다리면 좋았을 뻔한 일들을 보내고 나서야 깨닫게 되는 일이 허다하다. 기다릴 수 있음이 승리한 영성이다. 하나님을 신뢰하는 자만이 끝까지 기다릴 수가 있다. 기다림을 배우라. 기다림이라는 용광로를 통과하라.

—김장환, 「큐티 365」

❺ 하갈은 도망쳤습니다. 임신한 몸으로 여러 날을 걸어 몸과 마음이 지쳐있던 그녀에게 여호와의 사자가 찾아왔습니다. 그와 하갈의 첫 번째 대화를 정리해보십시오(8절).

❻ 여호와의 사자는 하갈에게 어떻게 할 것을 지시했습니까?(9절)

❼ 여호와의 사자는 하갈의 씨를 크게 번성하게 하리라는 하나님의 약속을 전했습니다. 그 내용은 무엇입니까?(10-12절)

❽ 여호와의 사자가 하나님의 약속을 전할 때, 하갈은 여호와의 이름을 무엇이라고 불렀습니까?(13절)

❾ 브엘라해로이에서 하갈에게 하셨던 하나님의 약속은 어떻게 성취되었습니까?(14-16절)

더 깊은 연구와 묵상을 위하여

❶ 하갈은 자신의 본분을 잊고, 자신의 여주인을 멸시하며 주인의 다스림으로부터 벗어나려했습니다. 여러분이 지켜야 할 본분과 역할은 무엇입니까?

❷ 본문에 나타난 하나님의 성품에 대해 함께 나눠보십시오.

적용을 위한 글

자손을 주시겠다는 하나님의 약속이 있었지만 그 약속의 성취는 지연되는 것만 같았다. 10년의 지루한 기다림과 점점 나이 들어가는 육체는 결국 아브람이 첩을 통해 후손을 보겠다는 인간적인 결정을 하게 만들었다. 아브람과 사래가 선택한 방법은 나름대로 합법적이며 합리적인 방법이었다. 하지만 그것은 하나님의 방법을 끝까지 기다리지 못한 불신앙의 선택이었다. 하나님의 약속만 믿고 눈앞에 보이는 것이 없어도 굳건하게 순종의 길을 걸어가면 그보다 옳은 것은 없다. 하지만 하나님은 그러한 아브람과 사래의 연약함을 또다시 안아주신다. 인간은 언제나 자신의 생각대로 행동해 혼돈을 만들지만, 하나님은 언제나 그것을 역전하셔서 질서와 평안으로 바꿔주신다. 그러므로 여러분은 신실하신 하나님만을 굳게 믿고 순종의 길을 걸어가야 한다.

적용 및 결단을 위한 질문

❶ 아브람은 나름대로 합리적이며 합법적인 아내의 제안에 따라 행동했습니다. 그러나 그것은 하나님의 뜻이 아니었습니다. 여러분은 요즘 어떤 목소리에 귀를 기울이고 있습니까?

❷ 하나님의 말씀에 대한 불순종은 무질서만 창조할 뿐입니다. 혹시 여러분의 불순종으로 인해, 여러분이 속한 공동체가 겪게 되는 무질서의 고통이 있는지 생각해보십시오.

26 여러 민족의 아버지

본문 창세기 17:1–14

외울말씀 이제 후로는 네 이름을 아브람이라 하지 아니하고 아브라함이라 하리니 이는 내가 너를 여러 민족의 아버지가 되게 함이니라 (5절)

도입을 위한 글

목사님이 무릎 꿇고 앉은 내 머리에 손을 얹고 힘을 주셨다. '이제 시작이다'라고 생각하며 마음을 굳게 먹었는데, 물이 내 머리를 타고 흐르자 감정이 복받치며 눈물이 왈칵 쏟아졌다. 그것은 단순히 물로 죄를 씻는 형식이 아니었다. 자리에 돌아와서도 눈물이 멈추지 않았다. 이 자리에 오기까지 왜 그렇게 힘들었고 또 오래 걸렸을까? 결국 이렇게 될 것을 뭐가 잘났다고 그렇게 버텼을까? 사람들을 펑펑 울리겠다고 자신하던 나는 없었고, 죄를 용서받아 눈물 흘리는 초라한 나만 있었다. 내가 흘린 눈물에는 과거에 대한 서러움도 담겨있었던 것 같다. 그리고 이제 죄를 용서받고 든든한 하나님의 세계로 들어간다는 격한 행복의 눈물이었다. 하나님을 멋지게 간증하겠다는 나의 교만함도 여지없이 무너뜨리셨다. 하나님은 잔머리 굴리는 교만한 나를 원하시지 않는 것이 확실하다. 그래도 나의 진심을 하나님이 들으셨으니 만족하고 행복했다.

–주선태, 「아름다운 시작」

도입을 위한 질문

❶ 여러분의 이름의 뜻은 무엇입니까?

❷ 여러분은 세례받을 때 어떤 느낌이었습니까?

본문 질문

❶ 하나님은 13년간의 긴 침묵을 깨시고 아브람에게 다시 말씀하셨습니다. 그 때 아브람은 몇 살이었습니까?(1절)

* 하나님은 이스마엘 출생 이후 아브람에게 나타나지 않으셨다.

❷ 하나님은 아브람을 크게 번성하게 하실 하나님입니다(2-3절). 하나님은 아브람에게 무엇을 명령하셨습니까?(1절)

❸ 하나님은 아브람을 "여러 민족의 아버지"가 되게 하겠다고 말씀합니다. 그 언약의 증거로 주신 아브람의 새 이름은 무엇입니까?(5절)

❹ 하나님은 아브라함에게 자손과 땅에 대한 약속을 다시 하시면서, 그 약속의 기한이 언제까지라고 말씀합니까?(7-8절)

* 이스라엘은 망하고 가나안은 빼앗겼지만, 예수 그리스도를 통한 하나님의 나라와 그 백성들에 의해 언약이 계승되었다.

❺ 다음 글을 읽고 영원한 언약의 성취인 하나님 나라의 도래에 대해 정리해보십시오.

> 제자들의 관심은 세상 나라였다. 그들은 예수님께 '이스라엘 나라의 회복'을 물었다. 하지만 예수님의 관심은 하나님의 공의와 사랑의 통치가 구현되는 '하나님의 나라'였다. 예수님이 공생애를 시작하시며 선포하신 첫 말씀이 바로 하나님의 나라였다. "때가 찼고 하나님의 나라가 가까이 왔으니"(막 1:15). 예수님은 위대한 결단으로 자신을 따르지만 여전히 마음의 근심과 걱정을 떨치지 못한 제자들에게 먼저 하나님의 나라를 구하라고 말씀하셨다(마 6:33). 누가는 부활하신 예수님에 대해 이렇게 말했다. "사십 일 동안 그들에게 보이시며 하나님 나라의 일을 말씀하시니라"(행 1:3). 제자들을 떠나시며 당부하신 마지막 말씀도 하나님 나라의 확장이었다(막 16:15). 고난의 시대, 불확실의 시대를 살고 있는 여러분에게 중요한 것은 '무엇을 구할 것인가'이다. '이스라엘 나라의 회복'보다 '하나님의 나라'를 구하는 지혜를 오늘도 간구해야 할 것이다.
>
> –정승룡

❻ 하나님은 언약의 징표로 아브라함과 그 후손에게 무엇을 받으라고 말씀합니까?(9-11절)

* 할례(10절): 이는 하나님의 백성으로서 하나님의 다스림을 받겠다는 표시이다. 또한 옛사람을 죽이고 새사람으로 다시 태어나 살겠다는 의미로, 오늘날 그리스도인들이 받는 세례에 할례의 정신이 담겨 있다.

❼ 할례를 받아야 할 대상자들은 누구입니까?(12-13절)

❽ 할례를 받지 않으면 어떻게 됩니까?(14절)

더 깊은 연구와 묵상을 위하여

❶ 하나님은 자신의 백성들에게 의심이나 불안을 요구하시는 것이 아니라 하나님을 신뢰하며 완전하게 행동하길 원하십니다. 여러분은 아브라함처럼 하나님 앞에 엎드려 순종하고 있습니까?

❷ 그리스도인에게 '세례'를 받는 것은 어떤 의미라고 생각하는지 함께 나눠보십시오.

적용을 위한 글

하나님은 아브람에게 13년간 침묵하셨다. 하나님이 침묵하신다고 해서 하나님이 없으신 것은 아니며, 하나님의 약속이 지연된다고 해서 약속이 폐기된 것도 아니다. 전능하신 하나님의 약속은 하나님의 때와 방법에 따라 성취된다. 그분의 때와 방법이 여러분이 생각하는 것과 다를 수 있다. 하나님은 모든 것들을 여러분이 원하는 대로 해주시는 분이 결코 아니다. 하나님은 여러분에게 가장 좋은 대로 해주시는 분이다. 오랜 침묵 끝에 임재하신 하나님은 아브람에게 새로운 이름과 할례를 통한 새로운 신분을 주셨다. 그리스도인이 된다는 것은 하나님의 나라에 소속이 되어 하나님을 주인으로 모시며, 하나님의 주권을 인정하며 사는 것을 뜻한다. 아브람은 하나님 앞에 엎드렸고 전능하신 하나님을 다시 한 번 마음 깊이 모셨다. 그리고 그분의 참된 백성으로 살아갈 것을 다짐했다.

적용 및 결단을 위한 질문

❶ 하나님이 아브람에게 새 이름을 주신 것처럼, 여러분에게도 새 이름을 주신다면 어떤 이름을 갖고 싶습니까?

❷ 하나님이 정말 원하셨던 할례는 마음의 할례였습니다(신 30:6; 렘 4:4; 겔 44:7, 9). 여러분은 마음의 할례를 받은 진정한 하나님 나라의 백성입니까?

27 여러 민족의 어머니

본문 창세기 17:15-27

외울말씀 내가 그에게 복을 주어 그가 네게 아들을 낳아 주게 하며 내가 그에게 복을 주어 그를 여러 민족의 어머니가 되게 하리니 민족의 여러 왕이 그에게서 나리라 (16절)

도입을 위한 글

아프리카에서 사역하고 있는 한 선교사 가족의 이야기다. 어느 날, 어린 아들이 뒤뜰에서 혼자 놀고 있는데, 갑자기 아빠가 다급한 목소리로 아들을 불렀다. "얘야, 얼른 땅에 바짝 엎드려라!" 아들은 아빠의 말을 듣고 즉시 땅에 엎드렸다. "자, 이제 내게로 빨리 기어와!" 아들은 아빠가 시키는 대로 했다. "이제 일어나서 나에게 뛰어와!" 아들은 아버지의 품으로 달려와 안겼다. 그리고선 자기가 놀았었던 곳에 있던 나무를 쳐다본 아이는 깜짝 놀랐다. 길이가 5m나 되는 무서운 독사가 나뭇가지에 매달려 있었기 때문이다. 만약 그 아이가 아빠의 말을 듣지 않고 늑장 부렸다면 어떤 일이 있어났겠는가? 즉각적인 순종은 믿음의 증거다. 주님의 음성에 즉각 반응하는 것은 큰 복이다. 그분의 음성에 즉각 순종하는 삶을 살아야 한다. -김장환, 「큐티 365」

도입을 위한 질문

❶ 여러분은 하나님의 생각과 여러분의 생각 중 누구의 생각이 더 크고 깊다고 생각합니까?

❷ 하나님이 여러분에게 '아니다'라고 말씀하셨던 때가 있습니까?

본문 질문

❶ 하나님이 아브라함의 아내 사래에게 주신 새 이름은 무엇입니까?(15절)

❷ 하나님은 사래에게 무엇을 주어 어떻게 하도록 하시겠다고 말씀합니까?(16절)

❸ 하나님의 말씀에 아브라함은 엎드렸지만, 마음속으로는 어떤 생각을 갖고 있었습니까?(17절)

❹ 하나님의 말씀을 들은 아브라함은 하나님께 무엇이라고 말했습니까?(18절)

❺ 다음 글을 읽고 믿음의 원칙에 대해서 정리해보십시오.

그래미 리는 뉴질랜드의 시장으로서 많은 공로를 세워 명성을 얻었으며, 15년 동안 국회의원으로서 직무를 수행했다. 또한 국회의원으로 재임하는 동안 내무부 장관을 겸임했고, 크리스천 민주당을 설립하기도 했다. 국회의원으로서 철저한 믿음의 원칙을 지켜온 그는 '능력 있는 믿음의 삶을 살기 위한 일곱 가지 지침'을 제시함으로써 믿음의 사람들에게 많은 것을 시사해주었다. 첫째, 그냥 앞으로 나아가라. 둘째, 신실하라. 셋째, 현실을 알라. 넷째, 여러분을 대적하는 사람들이 있을 수 있다는 사실을 감안하라. 다섯째, '할 수 있다'는 사람이 되라. 여섯째, 여러분의 믿음을 다른 사람들과 함께 나누라. 일곱째, 주님 안에서 기뻐하라. 성숙한 성도는 많은 사람들에게 훌륭한 영향력을 끼친다. 어떠한 일을 하든지 여러분의 축복의 근원은 예수 그리스도이시다. 여러분은 예수 그리스도의 강한 군사로 서야 하며, 철저한 믿음의 원칙을 가지고 예수 그리스도를 통해 환경을 바라보아야 한다. —김장환, 「큐티 365」

❻ 하나님은 아브라함이 제시한 대안에 대해서 "아니라"(19절)고 말씀합니다. 하나님의 말씀을 증거하기 위해 아브라함에게 주신 세 가지 증거는 무엇입니까?(19–21절)

* 이삭(19, 21절): 이는 '웃음'이라는 뜻이다.

❼ 아브라함은 하나님이 말씀하신 바로 그날에 무엇을 행했습니까?(22–27절)

* 창세기 저자는 아브라함의 할례에 관한 기사를 두 번이나 자세히 반복하고 있다. 이는 아브라함의 순종이 철저했음을 강조한 것이다.

더 깊은 연구와 묵상을 위하여

❶ 여러분은 하나님의 말씀에 순종할 때, 세상의 상식을 기준으로 삼지는 않습니까?

❷ 아브라함은 끊임없이 하나님의 말씀을 듣고, 즉시 실행함으로 믿음이 점점 더 성숙해졌습니다. 여러분은 하나님의 말씀을 듣고, 즉시 올바로 반응하기 위해 어떤 노력을 하고 있습니까?

적용을 위한 글

하나님은 아브라함에 이어 사라에 대해서도 더 구체적이고 자세한 계획을 말씀하신다. 13년의 기나긴 세월을 통해 아브라함과 사라는 연단을 받은 것이다. 하나님은 여러분을 향한 아주 섬세한 계획을 갖고 계시다. 그러나 여러분에게 다 알려주시지는 않는다. 이는 아직 여러분이 그것을 수용할 만한 그릇이 되지 않기 때문이다. 여러분보다 여러분을 더 잘 아시는 하나님의 이끄심을 신뢰하라. 눈에 보이는 상황이 어렵고 힘들지라도, 하나님을 왕으로 모시는 하나님의 나라 안에 계속해서 머물러야 한다. 그래야 주님이 다시 오시는 날, 임하게 될 그 나라에도 여러분이 속해 있을 수 있다. 여러분의 소망은 이 땅에 있지 않다. 여러분의 소망은 약속의 땅, 하나님의 나라에 있다. 따라서 매일 즉각적으로 하나님의 말씀에 순종하며 하나님의 형상으로 성숙해져야 한다.

적용 및 결단을 위한 질문

❶ 하나님은 모든 것을 알고 계신 전지전능한 분입니다. 하지만 그것을 여러분에게 모두 알려주시지 않고 여러분이 받을 만한 그릇이 될 때 보여주십니다. 여러분의 신앙적 그릇은 얼마나 크다고 생각합니까?

❷ 주님이 "아니라"(19절)고 말씀할 때, 여러분은 곧장 포기하고 하나님의 명령대로 즉각 순종합니까?

28 약속과 믿음

본문 창세기 18:1–15

외울말씀 아브라함이 엉긴 젖과 우유와 하인이 요리한 송아지를 가져다가 그들 앞에 차려 놓고 나무 아래에 모셔 서매 그들이 먹으니라 (8절)

도입을 위한 글

무디(Dwight Lyman Moody) 선생은 모세의 생애를 세 단계로 묘사했다. 첫째는 'something'이다. 모세가 왕자로 있을 때 그는 자신이 무언가 해낼 것이라 생각했다. 둘째는 'nothing'이다. 그는 40년간 히브리 목자로 있을 때, 광야에서 살면서 자기 자신이 아무것도 아닌 부족한 종이라는 것을 깨달았다. 'something'에서 'nothing'으로 변화된 것이다. 셋째는 'everything'이다. 이는 그의 인생의 절정기이다. 이때 모세는 아무것도 아닌 자라 할지라도 전능하신 하나님이 들어 쓰시면 권능자(everything)가 될 수 있다는 것을 깨달았다. 하나님이 사용하신 모든 사람들을 보면 처음에는 지극히 평범한 질그릇에 불과했다. 하지만 그들이 하나님만 의지하는 사람이 되었을 때, 그들은 모두 하나님의 보배를 담은 질그릇으로 성화(聖化)되었다. 결국 여러분의 능력이란 하나님의 능력을 받아서 사용하는 것에 달려있다. 하나님의 손에 붙들린 사람이 되라.

–김장환, 「큐티 365」

도입을 위한 질문

❶ 「도입을 위한 글」을 통해 볼 때, 지금 여러분은 3단계 중 어떤 단계입니까?

❷ 여러분은 전능하신 하나님을 믿습니까? 믿음이란 무엇이라고 생각합니까?

본문 질문

❶ 하나님과 두 천사는 여행객의 모습으로 아브라함을 방문했습니다. 아브라함은 사람 셋을 보고 어떻게 행동했습니까?(1-2절)

❷ 아브라함은 사람 셋을 무엇이라 불렀습니까?(3절)

❸ 아브라함은 그들에게 자신이 무엇을 대접하게 해달라고 부탁했습니까?(4-5절)

❹ 허락을 받은 아브라함은 어떻게 행동했습니까?(6-7절)

❺ 다음 글을 읽고 영원한 언약의 성취인 하나님 나라의 도래에 대해 정리해보십시오.

> 영국의 수상인 윈스턴 처칠(Winston Churchill)이 어렸을 때, 템즈 강변에서 놀다가 물에 빠져 허우적거리고 있었다. 그때, 지나가던 가난한 소년 플레밍(Alexander Fleming)이 위험을 무릅쓰고 강물 속에 뛰어들어 그를 구해주었다. 이것을 알게 된 처칠의 할아버지는 의학을 공부하고 싶어하는 플레밍의 소원을 들어주었다. 학비와 기숙사비를 지원받은 플레밍은 열심히 공부하여 크게 성공하였을 뿐만 아니라 페니실린을 발명해 노벨상을 받았다. 한편, 처칠은 커서 군인이 되어 아프리카에 투입되었다. 교통과 통신이 이만저만 불편한 것이 아니었다. 그런데 어느 날, 윈스턴 처칠의 가족들에게 그가 아프리카 오지에서 폐결핵에 걸려 생명이 위독하다는 소식이 전해졌다. 이 소식을 들은 플레밍은 자신이 발명한 페니실린을 들고 비행기로 아프리카에 달려가 사경을 헤매는 처칠을 구해주었다. 목숨을 되찾은 처칠은 수십 년 후 영국 수상으로 명성을 떨치면서 독재자 히틀러의 손에서 영국을 구해내고, 전 세계 약소민족에게 해방과 자유를 안겨주게 되었다. 서로 도와주고 섬겨주는 것은, 자기도 살고 남도 살리는 일이 된다. 희생과 봉사는 역사를 바꾸는 힘이 있다. 있는 힘껏 남을 돕고 섬기자.
>
> –김장환, 「큐티 365」

❻ 아브라함의 대접을 기쁘게 받으신 하나님은 아브라함에게 어떠한 약속을 하십니까?(10절)

❼ 하나님의 약속과는 다르게 아브라함과 사라의 상황은 어떠했습니까?(11절)

❽ 사라는 하나님의 약속에 대해 불신의 미소를 지었습니다(12절). 그때, 하나님은 무엇이라고 말씀합니까?(14절)

더 깊은 연구와 묵상을 위하여

❶ 하나님은 아브라함의 초대에 응하셔서 그의 장막에서 쉬시며 섬김을 받고 기뻐하셨습니다. 요즘 하나님은 여러분 안에서 쉬시며 여러분의 섬김을 받고 기뻐하십니까?

❷ 믿음은 끝까지 기다리는 것입니다. 하나님은 아브라함과 사라를 25년이나 기다리게 하셨습니다. 여러분이 아브라함이라면 그 세월 동안 어떻게 행동했을지 함께 나눠보십시오.

적용을 위한 글

아브라함은 낯선 나그네를 극진히 대접했다. 아브라함의 대접은 당시 관례를 초월하는 것이었다. 아브라함이 주인이고 나그네는 손님이었지만, 아브라함은 마치 자신을 종처럼 생각하고 최대한의 섬김을 베풀었다. 그때, 아브라함이 대접했던 사람들은 바로 하나님과 두 천사였다. 여러분은 아브라함의 섬김을 본받아야 한다. "무슨 일을 하든지 마음을 다하여 주께 하듯 하고 사람에게 하듯 하지 말라"(골 3:23)는 말씀을 가슴에 새겨야 한다. 부지중에 하나님을 섬긴 아브라함은 아들을 약속받았다. 하지만 사라는 약속과는 다른 자신들의 상황을 계산하면서 의심했다. 믿음이란 약속의 실행가능성에 의지하는 것이 아니라, 약속하신 이의 성품과 인격을 의지하는 것이다.

적용 및 결단을 위한 질문

❶ 나그네 대접은 당시 유목민들의 관례였습니다. 하지만 아브라함은 관례의 수준을 훨씬 뛰어넘어 자원하는 섬김을 행했습니다. 여러분이 아브라함과 같이 자원해서 섬겨야 할 대상은 누구입니까?

❷ 하나님의 약속의 실행가능성을 따지고 계산하는 것은 믿음이 아닙니다. 여러분에게는 전능하신 하나님을 믿는 믿음이 있습니까, 아니면 의심이 있습니까?

29 하나님의 파트너

본문 창세기 18:16-33

외울말씀 아브라함은 강대한 나라가 되고 천하 만민은 그로 말미암아 복을 받게 될 것이 아니냐 (18절)

도입을 위한 글

야곱과 다윗과 베드로의 공통점은 모두 하나님의 사람들이지만 넘어지고 잘못한 사람들이었다. 그런데 하나님은 이들을 버리지 않으시고 다시 찾아가주셨다. 그리고 때로는 책망하시고 때로는 위로하시며 다시 시작할 수 있는 은혜를 주셨다. 이들은 넘어지고 크게 범죄하였으나 다시 시작할 수 있는 기회를 얻었다. 포기하지 말라. 하나님이 여러분을 쓰지 않으실 것이라고 서둘러 단정하지 말라. 순결을 지키지 못했으니 하나님이 여러분을 파트너로 삼지 않으실 것이라고 확신하지 말라. 하나님은 다시 시작할 수 있는 은혜를 베푸시는 분이다. 여러분에게는 다시 시작할 수 있는 근거인 '예수 그리스도의 보혈'이 있다. 그 피로 여러분의 모든 죄는 깨끗하게 된다. 마치 그런 죄를 지은 적이 없었던 것처럼 흔적도 없이 깨끗하게 지워질 것이다. 그것으로 인해 여러분은 다시 하나님이 쓰시는 깨끗한 사람이 된다. 지금 다시 시작하면 된다.

—조현삼, 「다시 시작할 수 있는 이 은혜」

도입을 위한 질문

❶ 여러분은 야곱과 다윗과 베드로처럼 실패했지만, 하나님의 은혜로 다시 일어났던 경험이 있습니까?

❷ 여러분은 모든 그리스도인이 하나님의 파트너라는 것을 인정합니까?

본문 질문

❶ 아브라함은 소돔으로 향하는 하나님과 두 천사를 전송합니다. 이때 하나님은 아브라함에게 무엇이라고 말씀합니까?(16–17절)

* 내가 하려는 것(17절): 이는 '하나님의 역사'를 의미한다. 하나님은 아브라함을 책임 있는 하나님의 파트너로 초대하신 것이다.

❷ 하나님은 아브라함이 강대한 나라가 되고 복을 받을 것이라고 말씀합니다(18절). 또한 이를 위해 아브라함이 무엇을 해야 한다고 말씀합니까?(19절)

❸ 하나님이 소돔과 고모라로 내려가시는 목적은 무엇이었습니까?(20–21절)

❹ 두 천사는 소돔으로 떠나고 아브라함은 여호와 앞에 그대로 서 있었습니다. 그때 아브라함은 하나님께 무엇이 부당하다고 말했습니까?(22-25절)

❺ 다음 글을 읽고 중보기도의 능력과 자세에 대해서 정리해보십시오.

> 다니엘 내쉬(Daniel Nash)는 대각성 시기에 찰스 피니(Charles Finney) 목사의 동역자였다. 내쉬는 찰스 피니 목사의 집회에 거의 참석하지 않았다. 왜냐하면 그는 골방에서 성령의 능력으로 군중을 녹여 죄를 깨닫게 해달라고 계속 기도했기 때문이다. 피니는 내쉬에게 기도를 부탁하고, 내쉬는 더욱더 기도에 몰입했다. 그 후, 내쉬는 피니보다 먼저 하늘나라로 갔다. 캐나다 접경의 도로 옆에 아무도 돌보지 않는 무덤의 묘비에 이렇게 쓰여 있다. '다니엘 내쉬, 기도의 용사, 피니의 동역자.' 내쉬는 그 당시에 유명한 인물이 아니었지만 하나님 보시기에 너무나 존귀한 용사였다. 여러분 가운데 어떤 사람은 모세나 찰스 피니, 또는 빌리 그레이엄처럼 청중 앞에서 무대를 빛내는 인물이 될 수 있다. 또 어떤 사람은 내쉬처럼 무명의 용사가 될 것이다. 그러나 이러한 것들은 하나님께 아무 문제가 되지 않는다. 다만 하나님의 능력을 힘입어 용맹을 발한 사람이었느냐가 중요할 뿐이다.
>
> –강준민, 「무대 뒤에 선 영웅들」

❻ 아브라함의 기도는 하나님의 성품을 의지하는 기도였고, 아주 겸손하고 간절한 기도였습니다. 하나님은 아브라함의 기도에 대해 어떻게 말씀합니까?(25-26절)

❼ 아브라함은 의인의 숫자를 다섯 번이나 줄여가면서 의인의 구원을 기도했습니다. 아브라함은 의인의 숫자를 몇 명으로 줄였습니까?(24, 28-32절)

말씀	의인의 수	말씀	의인의 수
24절		30절	
28절		31절	
29절		32절	

❽ 하나님은 아브라함의 거듭되는 요구에 어떻게 반응하십니까?(26-33절)

더 깊은 연구와 묵상을 위하여

❶ 하나님 나라의 백성들은 다음 세대에 하나님의 말씀을 전해야 할 교육적 책임이 있습니다. 여러분은 여러분 주변의 다음 세대들에게 하나님의 말씀을 어떻게 전하고 있습니까?

❷ 소돔과 고모라와 같이, 여러분의 삶에 울려 퍼지는 죄악의 아우성이 있는지 생각해보십시오.

적용을 위한 글

하나님은 이 땅에 하나님의 나라를 건설하길 원하셨다. 그리고 아브라함을 하나님 나라 건설의 파트너로 초대하셨다. 아브라함은 자신이 하나님의 말씀에 순종함은 물론 후손들에게도 말씀을 가르쳐야 할 책임이 있었다. 왜냐하면 하나님 나라는 하나님을 왕으로 모시고, 하나님의 말씀에 순종하며, 하나님의 통치를 인정하는 사람들의 영역이기 때문이다. 하지만 소돔과 고모라는 하나님의 나라가 아니었다. 그곳에서는 날마다 하늘보좌를 울리는 죄악의 아우성이 들려왔다. 하나님은 소돔과 고모라의 심판을 작정하셨다. 이에 아브라함은 소돔과 고모라를 위해서 기도하기 시작했다. 하나님의 백성으로서 반드시 힘써야 할 것은 바로 중보기도이다. 하나님은 당신의 파트너인 아브라함의 기도를 들어주시고 즉각 실행해 주셨다. 하나님은 하나님의 백성들의 겸손하고 간절한 기도를 기뻐하신다.

적용 및 결단을 위한 질문

❶ 강대한 나라와 복의 근원이라는 하나님의 계획은 아브라함의 순종을 통해 실현되었습니다. 여러분은 하나님이 그리스도인에게 약속하신 복을 얻기 위해 책임 있는 순종을 하고 있습니까?

❷ 아브라함은 하나님 앞에 겸손하게 나아갔습니다. 하지만 기도는 담대하고 끈질기게 했습니다. 여러분의 기도는 겸손하면서도 담대합니까?

30 소돔의 성적 타락

본문 창세기 19:1–11

외울말씀 롯을 부르고 그에게 이르되 오늘 밤에 네게 온 사람들이 어디 있느냐 이끌어 내라 우리가 그들을 상관하리라 (5절)

도입을 위한 글

도스토예프스키(Fyodor Mikhailovich Dostoevskii)의 유명한 명언 가운데 이런 말이 있다. "만약 신이 참으로 존재하지 않는다고 확신만 한다면 사람들은 못할 일이 없다." 참으로 무서운 말이다. 그런데 도스토예프스키의 말을 이렇게 바꿔볼 수도 있다. "만약 사람들이 자기가 신이라고 느낀다면 못할 일이 없을 것이다." 신이 없다고 확신한다는 것도 위험한 일이지만, 자기가 신이라고 생각하는 것은 더욱 위험한 일이다. 모든 것에 대한 판단의 기준이 자신이 될 수밖에 없기 때문이다. 만약 여러분이 신이라면, 모든 일을 여러분 마음대로 해도 누가 상관하겠는가? 그때부터 사람들은 용감하게 타락하기 시작할 것이다. 그것은 첫째로 성(性)적 타락으로 나타난다. 왜 성(性)적 타락이 가장 먼저 나타나는가? 성(性)은 하나님이 여러분에게 허락하신 가장 아름다운 선물 중 하나이다. 그런데 그것을 가장 추한 것으로 바꾸어 놓는 주체가 바로 사탄의 역사이다. —이동원, 「쉽게 풀어 쓴 로마서 이야기」

도입을 위한 질문

❶ 이 시대의 사람들은 자기 자신만을 섬긴다고 생각하지 않습니까?

❷ 여러분의 주변에는 어떤 성적 타락의 모습이 있습니까?

본문 질문

❶ 성문에 앉아있던 롯은 저녁에 성안으로 들어오는 두 천사에게 무엇을 청했습니까?(1-3절)

* 소돔과 고모라는 밤이 되면 더욱 큰 악의 소굴이 되었을 것이다. 이런 상황을 알았던 롯은 나그네들이 위험에 노출되지 않도록 보호해주었다.

❷ 두 천사가 롯의 집에서 잠을 자려고 할 때 어떤 일이 벌어졌습니까?(4절)

❸ 소돔 사람들은 두 천사를 왜 끌어내려고 했습니까?(5절)

* 상관(5절): 이는 '동성애'를 말하는 것으로, 소돔의 성적 타락상을 한 눈에 보여준다.

❹ 하나님은 동성애에 대해서 어떻게 말씀합니까?(레 18:22 참조)

❺ 다음 글을 읽고 마음을 지킨다는 것에 대해서 정리해보십시오.

한 젊은이가 인터넷을 하다가 호기심에 몇 번 성인 사이트에 접속했다. 그리고 난잡한 성적 행위를 담은 영상물을 봤다. 처음에 그것은 생각에만 불과했다. 그러나 한두 번의 자극적인 경험은 즉시 마음에 뿌리내렸고, 그 후로는 매일 성인 사이트에 접속하지 않고는 견딜 수 없는 상황이 되었다. 뿐만 아니라 그런 경험의 반복은 그에게 그런 일을 실행에 옮겨보고자 하는 욕망을 부추겼고, 결국 그는 타락하게 되었다. 이처럼 성도는 자신의 마음을 지키기 위해 반드시 자신의 생각과 마음의 상태를 감찰해야 한다. 성도가 그러한 의지를 가지고 살지 않으면 결국 호미로 막을 수 있는 죄를 가래로도 막지 못하는 재앙의 상황을 맞게 된다. 사실 매일매일을 거룩한 지식의 등불을 밝혀서 스쳐 가는 악한 생각들을 물리치고, 마음에 뿌리내리려는 악한 것들을 색출해서 마음을 관리하는 것은 결코 쉽지 않다. 그래서 성도가 마음을 지키며 살기 위해서는 부지런함과 헌신이 필요하다. 오늘의 승리가 내일의 승리에 대한 자동적인 보증이 아님을 기억하면서, 날마다 완성을 향해 나아가면서도 언제나 미완성의 아픔을 간직하며 겸손하게 하루하루를 살아가야 한다.

–김남준, 「마음 지킴」

❻ 롯은 두 천사를 지키기 위해 어떤 희생을 감수하려 했습니까?(6–8절)

❼ 소돔 백성들은 롯의 말을 받아들였습니까?(9절)

❽ 두 천사가 문밖의 무리의 눈을 어둡게 했지만, 그들은 그 후에도 어떻게 행동했습니까?(11절)

더 깊은 연구와 묵상을 위하여

❶ 롯이 정혼한 두 딸을 희생시키려는 것 역시 죄였습니다(창 19:14 참조). 여러분은 죄를 막기 위해서 다른 죄를 동원하는 태도가 옳다고 생각합니까?

❷ 롯은 아브라함의 약속의 땅에도 머무르지 못했으며 소돔에서도 인정을 받지 못한 채, 하나님과 세상 사이의 회색지대에서 살았습니다. 여러분은 이러한 롯과 같은 상태가 아닌지 생각해보십시오.

적용을 위한 글

소돔은 성적 타락의 온상이었다. 젊은이에서부터 노인에 이르기까지 모든 자들이 부끄러움을 잊은 채 성적 욕망의 노예로 살아갔다. 그리고 결국에는 먹잇감을 찾아 헤매는 승냥이 떼처럼 롯이 숨긴 두 천사에게까지 달려들었다. 여기서 안타까운 것은 오늘날의 모습과 소돔의 모습이 너무나도 닮았다는 것이다. 특히 소경이 된 후에도 계속해서 성적 대상자를 찾아 헤매는 그들의 모습이 안쓰럽기까지 하다. 여러분은 이런 세상 속에서 살아간다. 육적으로, 영적으로 순결을 지키기 매우 어려운 시대에서 말이다. 방심하거나 잠시라도 한 눈을 팔면, 욕망의 세력이 여러분도 모르는 사이에 여러분 안에 들어와 자리하고 있을 것이다. 영적 긴장감이 필요한 시대이다. 세상과 하나님을 겸하여 섬길 수 없다. 욕심을 버리고 욕망을 비우자. 자기를 부인하고 자기 십자가를 지며 주님을 따르는 자들만이 예수님의 진정한 제자이다.

적용 및 결단을 위한 질문

❶ 이 시대의 성적 타락의 모습은 소돔 성의 모습과 매우 유사합니다. 여러분은 성적 순결을 지키기 위해서 어떤 노력을 하고 있습니까?

❷ 여러분의 영적인 눈을 멀게 하는 욕심들에는 무엇이 있습니까?

31 손잡아 이끄시는 자비

본문 창세기 19:12-22

외울말씀 그러나 롯이 지체하매 그 사람들이 롯의 손과 그 아내의 손과 두 딸의 손을 잡아 인도하여 성 밖에 두니 여호와께서 그에게 자비를 더하심이었더라 (16절)

도입을 위한 글

최근에 나는 이스라엘에서 갈릴리 바다를 배경으로 일행과 함께 사진을 찍은 적이 있다. 그때 우리 일행은 미끄러지지 않도록 조심조심 발을 내딛고 있었다. 사진을 인화해보니, 우리는 하나같이 붉게 물든 낙조 따위는 안중에도 없이 자신의 발과 해안선만을 내려다보고 있었다. 이처럼 여러분은 여러분 자신에게만 집중하느라 예수님과 동행하는 삶으로 이끄시는 그분의 따뜻한 시선을 외면하기 쉽다. 여러분은 예수님이 구원자일 뿐만 아니라 여러분의 모델이라고 말한다. 그러나 여러분 중 얼마나 많은 사람이 그분이 택하신 길을 따르고 있는가? 여러분은 소명에 충실하기 위해서 주류 문화와 관습으로부터 일탈도 감수하는가? 사람들에게 다가갈 때, 인습적 편견을 뿌리치는가? 예수님이 그러셨듯이 애정과 경의로써 경멸받고 조롱받는 이들을 존중하는가? 예수님은 그분이 속한 문화에 대한 이의를 어떤 식으로 표명하셨는지 생각해보라.

–루시 쇼, 「내 영혼의 번지점프」

도입을 위한 질문

❶ 예수님은 당시의 문화에 대해서 어떤 태도를 취하셨습니까?

❷ 여러분은 이 세상의 문화가 점차 어떤 방향으로 흘러간다고 생각합니까?

본문 질문

❶ 소돔 성에 대한 심판이 시작되었습니다. 두 천사는 롯에게 무엇을 지시했습니까?(12절)

❷ 롯의 딸들은 결혼했습니까?(14절)

* 결혼할(14절): 고대 근동의 결혼 풍습은 결혼 전에 정혼(약혼)하는 것이 통례였다.

❸ 롯의 딸들과 결혼할 사위들은 장인이 전해준 소돔 성에 대한 심판 메시지를 무엇이라고 생각했습니까?(14절)

❹ 두 천사는 임박한 심판 앞에서 롯을 재촉했습니다. 하지만 롯은 소돔 성에 미련이 남아 지체했습니다. 그때 두 천사는 롯의 가족에게 어떻게 합니까?(15-16절)

❺ 다음 글을 읽고 나를 이끄시는 하나님의 손길에 대해서 정리해보십시오.

하나님은 사랑이시므로 여러분을 있는 그대로 받아들이신다. 하지만 일단 받아들인 다음에는 변화되길 원하신다. 아주 작은 믿음에서 산을 옮길만한 믿음으로, 이기적인 사랑에서 더 넘치는 사랑으로, 정욕의 사람에서 신령한 사람이 되길 원하신다. 하나님은 영혼의 정원사이시므로 여러분의 내면을 다듬길 간절히 바라신다. 날 선 가위와 맹렬한 풀무불, 고통의 끌과 역경의 대패는 거룩의 산정으로 여러분을 이끄시는 하나님의 손길이다. 하나님의 가위질에 여러분은 들포도나무에서 참포도나무가 된다. 하나님의 반죽에 여러분은 진흙에서 보배로운 토기가 된다. 하나님의 기다림에 여러분은 탕자에서 당당한 아들이 된다. 하나님의 공급에 여러분은 길 잃은 양에서 우리 안에 있는 튼튼한 양이 된다. 하나님의 우정에 여러분은 종에서 예수님의 친구가 된다. 영혼을 다듬는 정원사의 손길은 부드럽지만 누구든지 변화시킬 정도로 강하다. 그리하여 여러분의 탐욕은 절제 되고, 정욕은 사랑이 되며, 의무는 순종이 된다. —황병철, 「하나님, 내 영혼의 정원사」

❻ 롯의 가족들은 하나님의 은혜와 자비로 성 밖에 나왔지만 아직 완전하게 안전하지는 않았습니다. 이에 두 천사는 롯에게 무엇을 명령했습니까?(17절)

❼ 롯은 아직도 두 천사를 믿지 않았습니다. 그는 어떤 핑계를 대면서 소돔 성 근처의 소알 땅에 머물겠다고 했습니까?(19절)

* 롯은 혹시 심판이 이루어지지 않을 경우 소돔 성으로 다시 돌아갈 생각이었다.

 |

❽ 하나님은 롯의 잘못된 간구에 어떻게 응답하셨습니까?(21–22절)

더 깊은 연구와 묵상을 위하여

❶ 여러분은 롯의 사위들처럼 하나님의 심판의 메시지를 농담으로 받아들이지는 않습니까?

❷ 여러분은 죄악의 소굴에서 여러분의 손을 잡아 이끌어 내시는 하나님의 자비에 감사하며 그 은혜에 보답하고 있습니까?

적용을 위한 글

지체하는 롯과 그의 가족의 손을 일일이 잡아 죄악 된 소돔 성에서 이끌어 내시는 하나님의 자비의 손길은 참으로 은혜롭다. 모든 그리스도인들은 이런 하나님의 자비의 손길을 경험한 자들이다. 하지만 하나님의 열심에도 롯의 반응은 매우 안타깝다. 하나님을 온전히 믿지 않고 지체한다. 깔끔하게 세상을 정리하지 못하는 롯의 모습은 바로 여러분의 자화상이다. 롯은 영적으로 성숙하지 못하는 병에 걸려 있었다. 이는 그가 최초로 소돔 행을 결정할 때의 영적 수준에서 조금도 자라지 않은 모습이었다. 하나님과 세상을 동시에 소유하려는 두 마음이 롯을 그렇게 만든 것이다. 포도나무이신 하나님께 붙어 하나님과 지속적인 교제를 나눌 때에만 영적 성장이 있고 열매 맺는 삶을 살 수 있다. 여러분을 이끄시는 하나님의 손을 잡았다면, 온전히 그분께 맡겨드릴 때에야 비로소 우리는 안전할 수 있다.

적용 및 결단을 위한 질문

❶ 여러분은 세상의 가치관과 생활에서 떠나려고 노력합니까? 그럴 때에 여러분을 지체하게 만드는 것은 무엇인지 함께 나눠보십시오.

❷ 롯은 하나님의 구원도 받고 싶고, 소돔 성의 달콤함도 즐기고 싶은 두 마음을 품고 있었습니다. 여러분은 천국과 세상을 동시에 소유하려는 두 마음을 갖고 있지는 않습니까?

32 여전히 깨닫지 못하는 롯

본문 창세기 19:23-38

외울말씀 그 밤에도 그들이 아버지에게 술을 마시게 하고 작은 딸이 일어나 아버지와 동침하니라 그러나 아버지는 그 딸이 눕고 일어나는 것을 깨닫지 못하였더라 (35절)

도입을 위한 글

성경에 나오는 포도나무는 선택받은 백성인 이스라엘을 상징한다. 이스라엘은 포도 농사가 발달했다. 포도원 둘레에는 짐승과 도둑을 막는 담이 있었고, 파수 망대를 세우기도 했다. 그러나 울타리와 망대로는 완전히 안심할 수가 없었다. 그것은 바로 포도원을 허무는 여우 때문이다. 영적으로 그리스도의 신부가 된 성도들에게 그리스도와 교제를 나누는 교회는 포도원에 비유할 수 있다. 또 그리스도를 중심에 모시고 사는 성도들의 심령을 포도원이라고도 말할 수 있다. 이 포도원을 허물고자 하는 악한 사탄의 역사는 오늘도 계속되고 있다. 포도원을 허무는 여우를 잡아야 한다. 사람마다 잡아야 할 여우는 각각 다를 것이다. 그것은 교만, 이기심, 전도된 가치관, 분주함, 무감각, 탐욕, 위선, 사치, 방탕, 염려, 시기, 분쟁 등으로 나타난다. 때문에 성도는 항상 깨어 준비함으로써 주님이 주시는 은혜를 빼앗기지 않도록 포도원을 지켜야 한다. 그래야 성도의 신앙이 성숙해지고 신령한 교제를 나눌 수 있다.

–정성진, 국민일보「겨자씨」

도입을 위한 질문

❶ 여러분의 삶의 포도원을 허무는 여우는 무엇입니까?

❷ 그 여우가 있는지도 모르는 영적 무감각이 제일 무섭습니다. 여러분의 영적 감각은 살아있다고 생각합니까?

본문 질문

❶ 소돔과 고모라에 여호와께로부터 유황과 불이 비같이 내렸습니다. 이에 소돔과 고모라는 어떻게 되었습니까?(24-25절)

* 멸하셨더라(25절): 하나님은 소돔과 고모라의 정욕과 교만을 한순간에 멸하셨습니다. 하나님은 후대의 경건하지 않은 자들도 이와 같이 멸하실 것이라 말씀합니다(벧후 2:6).

❷ 롯의 아내는 왜 소금 기둥이 되었습니까?(26절)

❸ 롯은 누구의 기도로 생명을 보존하게 되었습니까?(29절)

❹ 소알을 고집했던 롯이 산으로 올라가 거주한 이유는 무엇입니까?(30절)

* 롯은 소알 성을 고집했다(창 19:18-22). 하지만 소돔과 고모라의 멸망을 보면서 소알 성도 안전하지 못하다고 느꼈던 것이다.

❺ 다음 글을 읽고 인간의 잘못된 고집에 대해서 정리해보십시오.

> 필요한 건 미안하다는 말 한마디뿐이었는데, 나는 말씨름을 벌였다. 필요한 건 그저 들어주는 일 뿐이었는데, 입을 크게 벌리고 떠들었다. 필요한 건 참는 마음뿐이었는데, 주도권을 잡으려고 뛰어다녔다. 하나님께 드렸으면 좋았을 것을, 나는 어떻게든 내가 바꿔보려고 했다. "충고는 필요 없어요." "내가 다 알아서 할 수 있다니까요." "목자 따위는 없어도 괜찮아요. 아무튼 고맙습니다." 성경은 인간에게 이런 문제가 있다는 사실을 분명하게 지적하고 있다. "우리는 다 양 같아서 그릇 행하여 각기 제 길로 갔거늘"(사 53:6).
>
> –맥스 루케이도, 「짐을 버리고 길을 묻다」

❻ 롯의 딸들도 눈에 보이는 것만 생각하고 선택했습니다. 그녀들은 자신들의 처지를 개선하기 위해 무엇을 계획하고 실행했습니까?(31-32절)

❼ 롯은 딸들에 의해 근친상간이 이루어지는 상황을 알았습니까?(33, 35절)

❽ 결국 롯의 두 딸은 임신을 하여 각각 아들을 낳았습니다. 아들들의 이름은 무엇이며, 그들은 어느 민족의 조상이 되었습니까?(37-38절)

더 깊은 연구와 묵상을 위하여

❶ 오늘날과 소돔의 시대를 비교하면서 공통점을 함께 나눠보십시오.

❷ 롯의 두 딸도 아버지를 닮아 눈에 보이는 이익만을 구하며 하지 말아야 할 일들을 서슴없이 행했습니다. 여러분도 눈에 보이는 이익에만 집중하여 불순종의 길을 선택하지는 않는지 함께 나눠보십시오.

적용을 위한 글

롯의 아내는 뒤를 돌아보지 말라는 하나님의 명령을 어겼다. 소돔과 고모라에서 버리고 나온 세상의 영화를 뒤돌아보는 롯의 아내의 중심에는 이미 하나님이 계시지 않았다. 마치 출애굽의 구원의 은혜를 망각한 채 애굽으로 되돌아가고 싶다고, 애굽에 있을 때가 더 좋다고 불평한 이스라엘 백성들과 같았다. 그리스도인인 여러분은 회개한 자들이다. 예수님 밖에서 예수님 안으로 들어온 사람이다. 따라서 여러분은 뒤돌아서면 안 된다. 롯과 그의 두 딸도 몸은 소돔과 고모라에서 빠져나왔지만, 여전히 생각과 마음은 그곳에 머물고 있었던 것이다. 소알 성을 고집하던 롯은 두 딸을 데리고 산으로 올라가서 거주했다. 그의 생각에 산이 더 안전한 것 같았던 것이다. 처음부터 천사가 가라고 할 때 순종했으면 더 아름다웠을 것이다. 그러나 롯은 산에서 술에 취했다. 결국 그는 만취된 상태에서 두 딸의 자손 잇기에 이용을 당하는 신세로 전락한다. 한편, 롯의 두 딸도 주목해야 한다. 그녀들도 조금 더 기다리지 않고 급한 마음에 근친상간(近親相姦)을 결정했다. 롯과 그의 두 딸은 좀 더 기다리며 하나님의 뜻을 구해야 했다.

적용 및 결단을 위한 질문

❶ 손에 쟁기를 잡고 뒤를 돌아보는 자는 하나님 나라에 합당하지 않습니다. 뒤로 물러가 침륜에 빠지는 자도 하나님의 기쁨이 될 수 없습니다. 여러분은 아직도 세상적 이익에 눈을 두고 있지는 않습니까?

❷ 여러분의 생각과 중심에는 하나님이 계십니까?

33 선지자 아브라함

본문 창세기 20:1-18

외울말씀 이제 그 사람의 아내를 돌려보내라 그는 선지자라 그가 너를 위하여 기도하리니 네가 살려니와 네가 돌려보내지 아니하면 너와 네게 속한 자가 다 반드시 죽을 줄 알지니라 (7절)

도입을 위한 글

미국 출신의 인도 선교사 존 하이드(John Hyde)가 어느 집회에 참석했을 때의 일이다. 그 집회에는 사람들이 적게 모였을 뿐만 아니라, 분위기도 무겁게 가라앉아 있었다. 그러나 그 자리에 참석한 목회자 대부분은 이 문제를 강 건너 불구경하듯 대했다. 하지만 하이드는 이 문제를 바로 자기 자신의 문제로 여겼다. 그는 "이 짐을 저 목사 혼자 지게 내버려 둘 수 없네!"라면서 집회를 위해 일주일간 전폭적으로 기도했다. 그러자 상황이 갑자기 역전되어 집회가 수많은 사람들로 가득 채워졌다. 며칠 뒤, 하이드는 동역자에게 말했다. "기도의 짐이 너무 무거웠어요. 하지만 사랑의 주님은 저를 위한 짐을 지고 무덤까지 내려가지 않으셨습니까?" 여러분이 다른 사람을 대하는 것처럼 주님도 여러분을 강 건너 불구경하듯 바라보셨다면, 오늘날 여러분의 삶은 어떠했겠는가? 그 무거운 짐을 지고 무덤까지 내려가셨던 주님을 따라 다른 사람의 짐을 함께 지는 삶을 살기 바란다.

—바실 밀러, 「기도로 매일 기적을 체험한 사람」

도입을 위한 질문

❶ 존 하이드가 집회를 위해 일주일간 전폭적으로 기도한 이유는 무엇입니까?

❷ 다른 사람의 문제를 자기 문제로 여기는 것은 중보기도의 기초입니다. 여러분의 동감 인지능력은 얼마나 됩니까?

본문 질문

❶ 그랄 땅으로 옮겨온 아브라함은 창세기 12장에서 했던 실수를 반복합니다. 아브라함은 그랄 왕 아비멜렉에게 자신의 아내 사라를 누구라고 소개했습니까?(1–2절)

❷ 그랄 왕 아비멜렉은 사라를 데리고 갔습니다. 아브라함에게 하신 약속의 성취가 위기를 맞이했을 때 하나님은 어떻게 해결하셨습니까?(3–8절)

❸ 하나님은 아비멜렉에게 아브라함을 어떻게 소개합니까?(7절)

❹ 아브라함은 아비멜렉과의 대화 중에서 자신이 왜 아내를 누이라고 속였는지를 밝힙니다. 아브라함은 왜 거짓말을 했습니까?(11절)

❺ 다음 글을 읽고 욕망을 위한 거짓말의 피해에 대해서 정리해보십시오.

아브라함 마슬로(Abraham Maslow)는 '인간의 욕구 5단계'을 주장했다. 그것은 생리적 욕구, 안전의 욕구, 애정과 소속의 욕구, 자아 존중의 욕구, 자아실현의 욕구다. 질투와 시기심에 눈이 뒤집힌 사울 왕에게 쫓기던 다윗은 무엇보다 생명 안전이 급선무였다. 어느 날, 너무나 굶주린 다윗은 아히멜렉이란 제사장에게 "나는 지금 사울 왕의 특명을 수행 중이다"라고 거짓말로 둘러대면서 따뜻한 영접을 받는다. 그리고 기력을 얻어 피난과 망명길에 오른다. 물론 당시 다윗의 궁색한 입지를 상상하면 그런 거짓말쯤이야 무슨 큰 잘못이겠는가. 그러나 아히멜렉의 가문은 다윗을 선대했다는 이유로 훗날 사울 왕에게 억울한 살육을 당한다. 이 사건은 분명히 다윗이 빚어낸 실수요, 허물이었다. 이것이 인간 다윗의 한계점이었다. 지도자의 언행심사(言行心事)는 훗날을 염두에 두고 신중해야 한다. 비록 한순간이라 해도 도덕성을 해치는 치명적 약점은 그의 생애를 영원히 괴롭히는 악몽으로 남는다. 그러므로 그리스도인은 언행에 신중해야 한다. —장자옥, 국민일보「겨자씨」

❻ 복의 근원인 아브라함이 이방 왕인 아비멜렉에게 꾸중을 듣습니다(9-10절). 그때 아브라함은 어떤 변명을 했습니까?(12-13절)

* 빛의 자녀로 세상에 빛을 전해야 할 하나님의 자녀가 오히려 세상으로부터 꾸중을 받았다.

❼ 경건한 아비멜렉은 자신의 실수에 대해 어떤 보상을 합니까?(14–16절)

❽ 선지자 아브라함은 아비멜렉을 위해 기도합니다. 이에 하나님은 아비멜렉에게 어떤 은혜를 베푸셨습니까?(17–18절)

더 깊은 연구와 묵상을 위하여

❶ 아브라함은 아비멜렉을 위해 기도하는 선지자였습니다. 여러분은 세계와 민족을 위해, 그리고 여러분이 속한 공동체(직장, 가정, 학교, 지역사회 등)를 위해 어떻게 기도를 실천하고 있습니까?

❷ 그랄은 하나님을 두려워하는 땅이 아니었습니다. 아브라함은 그것이 두려웠던 것입니다. 여러분은 하나님을 두려워하지 않는 땅이나 사람 앞에서도 그리스도인으로서 당당합니까?

적용을 위한 글

아브라함은 위기에 처한 롯을 기도와 믿음으로 구해냈다. 하지만 정작 자신의 위기는 또다시 인간적인 방법으로 해결하려 했다. 여러분의 인간적인 방법은 언제나 문제를 만들어 낸다. 물론, 하나님은 아브라함이 저질러 놓은 문제들을 급하게 수습해 주셨다. 하지만 하마터면 아브라함에게 하셨던 하나님의 약속이 무산될 뻔했고, 아브라함과 아비멜렉 모두 엄청난 죄를 짓게 될 뻔했다. 하나님보다 눈에 보이는 것들이 두려워질 때가 있다. 여러분은 그 순간을 조심해야 한다. 믿음의 시험의 순간을 잘 극복해야 한다. 정신을 똑바로 차리고 계속해서 믿음의 시선을 하나님께 고정시켜야 한다. 여러분의 마음을 흔드는 세찬 바람이 불어도 끝까지 믿음의 자리를 지켜야 한다. 여러분은 이 땅을 위해서 기도하고 축복하는 통로이자, 선지자들이다. 하나님을 모르는 이들로부터 손가락질이 아닌 칭송을 받는 자들이 되어야 한다.

적용 및 결단을 위한 질문

❶ 직분이나 신앙적 경험에 상관없이 여러분은 넘어질 수밖에 없는 연약한 자들입니다. 아브라함도 자주 넘어진다는 문제가 있었습니다. 여러분은 어떤 문제로 자주 넘어집니까?

❷ 여러분은 하나님을 모르는 사람들로부터 칭찬을 받는 사람입니까, 아니면 꾸중을 듣는 사람입니까?

인도자를 위한 지침

01. 창조_혼돈을 질서로

본문 1절은 하나님의 창조주 되심의 선언, 2절은 창조(질서화) 전 혼돈과 무질서 상태, 3-13절은 혼돈의 세력인 어둠과 물에 질서를 부여하는 내용의 구조입니다. 본문을 쓴 당시 사람들의 생각과 눈으로 본문을 이해하려고 노력해야 합니다. 본문은 창세기뿐만 아니라, 더 나아가 성경 전체의 요약이라고 이해하면 됩니다. 창조주 하나님이 처음으로 창조하신 피조물에 계속 새로운 질서를 부여하심에 초점을 맞추도록 인도하십시오.

02. 공허를 채움으로

땅의 혼돈과 공허가 하나님의 창조로 말미암아 질서와 번성으로 변합니다. 특히 창세기 1:14-25은, 질서는 잡혔지만 아직 공허한 공간을 하나님이 피조물들로 가득 채우시는 역사를 보여줍니다. 질서와 채움은 피조물 스스로 할 수 있는 것이 아닙니다. 조원들이 스스로 무엇인가를 채우려고 노력하지는 않는지, 하나님이 없는 질서를 꿈꾸지는 않는지 점검하도록 인도하십시오.

03. 하나님의 형상

사람의 창조 과정은 계획부터 완성까지 아주 특별했습니다. 삼위하나님의 천상회의, 하나님의 형상으로, 남자와 여자로, 흙에 생기로, 통치권의 위임 등 그 과정마다 하나님의 애정이 듬뿍 배어 있습니다. 하나님은 인간이 창조된 것을 보시고 "심히 좋았다"고 말씀합니다. 따라서 인간은 자신과 똑같이 하나님의 형상으로 창조된 이웃들을 사랑하고, 하나님께 위임받은 세상을 하나님의 뜻대로 다스려야 합니다. 조원들이 창조주 하나님을 더욱 깊이 묵상하도록 인도하십시오.

04. 흙, 생령, 그리고 아담

본문은 사람 창조의 목적에 대한 강력한 메시지가 담겨있습니다. 사람은 하나님의 형상으로 창조된 하나님의 대리인입니다. 또한 하나님의 숨을 간직하고 있는 존귀한 존재입니다. 그러나 하나님 앞에서는 단지 흙일뿐입니다. 따라서 사람은 항상 자신이 흙임을 하나님 앞에서 인정하고, 창조주 하나님께 순종해야 합니다. 그리고 하나님이 맡기신 자연과 다른 사람에 대한 역할과 책임을 수행해야 함을 깨닫도록 인도하십시오.

05. 네가 어디 있느냐

첫 사람 아담과 하와가 인류 최초의 죄를 짓습니다. 여기서 창세기 기자는 고대 근동에서 혼돈의 상징물이었던 뱀을 등장시킵니다. 뱀은 '거짓된 지혜'의 상징물이기도 합니다. 5과의 핵심은 사람이 '하나님의 말씀'과 '혼돈의 유혹' 중 어떤 것에 반응하느냐 입니다. 인간의 타락 이전에도 인간은 선택권이 있었고 욕망이 있었습니다. 여러분은 자유 의지나 욕망을 하나님을 사랑하고 순종하는데 사용해야만 합니다. 특히, 그리스도인 안에는 도우시는 성령이 내주하십니다. 성령의 도우심으로 육체의 소욕을 내려놓아야 함을 알도록 인도하십시오.

06. 사람을 쫓아내시고

사람의 범죄로 인해 에덴 동산의 혜택은 끝났습니다. 하나님이 불순종의 결과를 경고하셨지만, 사람은 그것을 무시했습니다. 아담과 하와의 불순종의 모습은 여러분의 모습입니다. 특히 본과에서 강조해야 할 부분은 아담과 하와에게 내리신 하나님의 징계 속에 깊이 내포되어 있는 하나님의 은총들입니다. 수고와 열매, 은총과 채찍의 표현, 가죽옷, 뱀과 여자의 후손간의 긴장관계, 에덴 동산의 패쇄 등을 깊이 묵상하도록 인도하십시오.

07. 죄를 다스릴지니라

가인은 하나님을 떠난 인간의 표상입니다. 하나님과 같이 되고 싶었던 부모님처럼, 그는 자신과 동생을 비교했습니다. 자신의 제사가 거절당한 원인을 자신이 아닌, 하나님에게서 찾았습니다. 자신보다 높아진 사람을 미워하여 죽이고, 하나님의 공의로우심을 의심하는 가인의 모습과 여러분의 모습을 비교해보십시오. 그리고 그를 통해 조원들의 병든 내면에 직면하는 시간이 되도록 인도하십시오.

08. 여호와 앞을 떠나서

가인의 후손의 족보가 나옵니다. 가인의 후손은 하나님을 떠난 인간의 역사입니다. 하나님을 떠난 인간들이 비록 재물을 더 많이, 보다 빠르게 소유할 수 있는 방법을 찾았다 해도 그것은 하나님의 뜻과 정반대 방향으로 달려가는 지름길이었을 뿐입니다. 여호와의 이름을 부르는 것만이 인간의 유일한 희망입니다. 여호와의 이름을 부르는 셋의 후손은 가인의 후손과 대조를 이룹니다. 두 종류의 삶의 방식을 대조하면서 참된 삶의 방식이 무엇인지 생각해보는 시간이 되도록 인도하십시오.

09. 하나님과 동행하더니

셋의 후손의 족보가 나옵니다. 셋의 후손은 하나님과 동행한 자들입니다. 셋의 후손은 가인의 후손과 너무나도 비교가 됩니다. 셋의 후손의 족보는 지극히 평범해 보입니다. 특별한 공적이나 이룩해 놓은 것들이 없습니다. 그저 하나님과 동행함으로 몇 년 동안 살았다는 기록뿐입니다. 하지만 이 기록은 단순하면서도 아주 중요한 메시지를 전달해 줍니다. 사람의 눈에 특별해 보이는 것 없이 그저 하나님과 동행했다는 것이 어떤 결과를 초래하는지에 집중하도록 인도하십시오.

10. 한탄하사 마음에 근심하시고

인간들이 아무리 발전한다 하더라도 하나님을 떠나면 아무것도 아닙니다. 하나님을 떠난 인간들은 세상에 쓰레기와 같은 것들만 만들어냈습니다. 그들은 다른 사람들을 지배하려고 하고 더 큰 힘을 얻으려고만 합니다. 자신의 명성을 추구하는 인간의 계획들은 하나님과는 거리가 먼 악한 것들뿐입니다. 이에 하나님은 근심하십니다. 오늘날의 시대는 노아의 시대와 같습니다. 조원들이 시대를 돌아보고 자신을 돌아보는 시간들이 되도록 인도하십시오.

11. 명하신 대로 다 준행하였더라

하나님의 심판과 구원이라는 관점으로 본문에 접근해야 합니다. 하나님은 노아를 하나님의 사람으로 선택하시고 심판과 구원에 관한 소식을 말씀합니다. 그리고 노아가 그것에 믿음으로 반응하면 생명을 보존해 주시겠다는 언약도 하셨습니다. 이에 노아는 하나님의 복음과 언약에 대해 믿음으로 반응했습니다. 하나님은 모든 그리스도인에게 세상 끝날의 심판과 그리스도를 통한 구원의 길을 제시하셨습니다. 조원들이 그리스도인으로서 노아와 같이 하나님의 말씀에 믿음으로 반응할 수 있는 방법에 대해 생각하도록 인도하십시오.

12. 방주에 있던 자들만 남았더라

구원의 시작과 끝은 오직 하나님이십니다. 그러나 한 가지 유념해야 할 것은 하나님이 구원을 주권적으로 베푸실 때에 그것을 수용하는 자의 믿음의 반응도 중요하다는 것입니다. 하나님의 심판과 구원 계획을 알게 된 노아는 믿음으로 반응했습니다. 이것을 하나님은 의로 여기셨습니다. 반대로 노아 당시의 수많은 사람들은 믿음으로 반응하지 않았습니다. 방주의 문이 열려 있었음에도 들어가지 않았습니다. 믿음의 반응에 대해서 집중적으로 생각해보는 시간으로 인도하십시오.

13. 그 향기를 받으시고

홍수는 땅의 기능을 마비시켰습니다. 하지만 하나님은 다시 물의 질서와 경계를 정해주심으로써 땅의 기능을 회복시키셨습니다. 오늘날 세상은 무질서와 혼돈이 가득합니다. 하지만 하나님은 예수님을 이 땅에 다시 보내심으로 그 모든 것을 해결하실 것입니다. 그리스도인은 그날이 올 때까지 예수님 안에 머무르면서 인내해야 합니다. 조원들이 예수님을 믿는 것 외에 다른 구원은 없음을 알도록 인도하십시오.

14. 언약의 증거니라

방주에서 나온 노아와 그의 가족들은 하나님께 번제를 드렸습니다. 하나님은 그 번제를 받으셨고, 노아와 그의 가족들에게 창조 때 주셨던 복을 주셨습니다. 또한 무지개 언약을 통해서 창조의 보존을 약속하셨습니다. 예수님으로 인해 새로운 피조물이 된 사람은 하나님을 예배할 수 있고 성만찬 예식을 통해 하나님과 맺은 새 언약을 확인할 수 있습니다. 노아는 방주를 통해 구원받고 무지개 언약을 맺었지만, 여러분은 예수님을 통해 구원받고, 성만찬을 통해 그 언약을 확인할 수 있음을 깊이 묵상하는 시간으로 인도하십시오.

15. 뒷걸음쳐 들어가서

신실하신 하나님을 닮지 못했던 노아 홍수 이전의 사람들은 모두 전멸했습니다. 반면 노아와 그의 아들들은 방주를 통해서 구원을 받았습니다. 하지만 본문에 나오는 노아와 함의 모습을 통해서 사람이 얼마나 나약한 존재인지 알 수 있습니다. 조원들이 본과를 통해서 어떻게 깨어있어야 할 것인지에 대해 깊이 대화할 수 있도록 인도하십시오.

16. 노아 자손의 족속들이요

창세기 10장과 11장은 시간적으로 보았을 때 역순입니다. 즉, 11장의 바벨탑 사건 때문에 10장의 족보가 생기게 된 것입니다. 10장의 족보는 가인과 셋의 족보와 같은 분위기를 읽을 수 있습니다. 함의 후손에서는 니므롯이 등장하고, 셈의 후손에서는 아브람의 조상이 될 에벨이 등장합니다. 성경의 인류는 하나님의 편과 하나님의 편이 아닌 두 종류로 나눠집니다. 조원들이 역사에 대한 인식들을 나누도록 인도하십시오.

17. 온 지면에 흩으셨더라

본문의 바벨탑 사건을 통해 세상의 언어가 혼잡해진 원인을 알 수 있습니다. 하나님은 소통을 원하십니다. 하지만 하나님을 떠난 악한 소통은 죄입니다. 오늘날은 '문화'라는 이름의 악한 소통들로 가득한 세상입니다. 조원들이 혹시 문화의 바벨탑,

정치의 바벨탑, 종교의 바벨탑, 돈과 재물의 바벨탑을 쌓기 위해 모든 힘을 쏟았던 경험이 있는지 돌아보는 기회가 되도록 인도하십시오.

18. 셈의 족보는 이러하니라

셈에서 아브람으로 이어지는 영적 가계의 족보에 들어간 사람들을 살펴볼 때, 그 사람이 잘난 것은 아무 것도 없습니다. 그저 하나님의 은혜로 선택을 받았을 뿐입니다. 그래서 셈의 족보는 은혜와 구원의 족보입니다. 조원들이 본과를 통해 구원에 대해서 다시 한 번 점검하는 계기가 되도록 인도하십시오.

19. 데라와 아브람의 차이

하나님의 선택과 부르심, 말씀, 그리고 사람의 반응이라는 관점에서 본문을 살펴봐야 합니다. 데라와 아브람은 동일한 선택과 부르심을 받고 갈대아 우르를 떠났습니다. 그러나 데라는 약속의 땅에 이르지 못했고, 아브람은 약속의 땅에 이르렀습니다. 이들의 가장 큰 차이는 바로 '절반의 순종'과 '온전한 순종'입니다. 하나님은 오늘날도 온전한 순종으로 반응하는 자들을 찾으십니다. 조원들이 '온전한 순종'에 대해 깊이 묵상하고 결단하도록 인도하십시오.

20. 약속을 잊어버림

갈대아 우르에서 하란까지, 하란에서 가나안까지 아브람은 믿음의 여정을 잘 달려왔습니다. 하지만 그는 약속의 땅에 기근이 찾아오는 이해할 수 없는 혹독한 시련을 겪습니다. 이에 아브람은 끝까지 약속을 붙들지 못하고 결국 살기 위해 애굽으로 갑니다. 그러나 이 불신앙적 결정은 아브람에게 더 큰 상처만을 남깁니다. 하지만 하나님은 아브람의 실수를 역전시켜 그가 바른 길로 돌아오게 인도하십니다. 조원들이 각자의 삶에 찾아오는 여러 가지 혼돈에 어떻게 반응하는지 서로 깊이 있는 대화를 나누도록 인도하십시오.

21. 회복과 불신앙

아브람은 자신의 잘못을 반성하고, 다시 가나안으로 돌아옵니다. 다시 돌아온 장소는 바로 그가 가나안 땅에 들어와 처음으로 제단을 쌓았던 곳이었습니다. 이와는 대조적으로 롯의 선택은 여전히 미숙합니다. 아브람과 함께 애굽으로 가는 실수를 경험했음에도 그는 제2의 애굽인 소돔으로 갑니다. 롯은 아직도 하나님을 신뢰하지 않았던 것입니다. 조원들이 '믿음과 선택'이라는 주제로 깊이 있는 대화를 나누도록 인도하십시오.

22. 안전과 재물을 빼앗긴 롯

아브람과 함께 머나먼 갈대아 우르부터 가나안 땅까지 여행한 롯은 불신앙적 선택을 했습니다. 본문은 그 선택이 얼마나 허무하고 잘못된 선택인가를 보여줍니다. 롯은 자신의 안전을 위해 물도 많고, 재물도 많은 땅으로 갔습니다. 그러나 그것은 착각이었습니다. 여러분의 안전은 오직 하나님께 있습니다. 본문을 통해 조원들이 그리스도인의 정체성을 다시 한 번 점검하는 시간으로 인도하십시오.

23. 아브람의 영향력

아브람은 복의 근원으로 살아갑니다. 보잘 것 없는 유목민이지만 아브람은 늘 주변에 있는 사람들에게 하나님의 복을 전했습니다. 그는 아모리 족속 마므레 상수리 수풀 근처에 살면서 주변의 족속들과 평화롭게 지냈습니다. 그리고 도움이 필요할 때 언제든지 서로 도와줄 수 있는 관계를 맺었습니다. 아브람은 칭찬받는 그리스도인이었습니다. 조원들이 오늘날 한국 교회와 그리스도인들이 세상으로부터 손가락질 당하는 이유에 대해 진지하게 토론하도록 인도하십시오.

24. 아브람아 두려워하지 말라

두려움과 외로움은 끊임없이 인간을 따라다니면서 괴롭힙니다. 아브람도 인간이기에 그것들을 거부할 수 없었습니다. 하지만 아브람은 혼자가 아니었습니다. 그리스도인은 결코 혼자가 아닙니다. 하나님이 항상 함께 하십니다. 본문은 두려움과 외로움에 쫓기던 아브람에게 어떻게 하나님이 찾아오셨는지 보여줍니다. 조원들 중 두려움이나 외로움으로 고통받는 사람이 있다면 격려하는 시간으로 인도하십시오.

25. 나를 살피시는 하나님

아브람은 씨와 땅을 주신다는 하나님의 약속을 믿었습니다. 하지만 끝까지 인내하지는 못했습니다. 당시에는 첩을 통해 대를 잇는 것은 합법이었습니다. 아브람은 첩을 통해 후손을 잇고자 하는 아내의 제안을 수용합니다. 하지만 한 번만이라도 하나님께 질문을 해보았더라면 하는 아쉬움이 생깁니다. 그것은 바로 이스마엘 민족을 향한 계획이었습니다. 이스마엘 민족은 현재 중동의 회교권에 해당됩니다. 한 사람의 불신앙적 선택이 미치는 영향력에 대해 조원들이 깊이 있게 토론하도록 인도하십시오.

26. 여러 민족의 아버지

오랜 침묵을 깨시고 아브람에게 다시 나타나신 하나님은 아브람에게 자손과 땅에 대한 약속을 새롭게 하시면서 그 약속의 기간을 영원으로 확장하십니다. 그에게 '아브라함'이라는 새 이름과 할례를 통한 언약의 증표도 주셨습니다. 이렇듯 하나님은 확장된 은혜를 베푸는 분이십니다. 따라서 하나님의 침묵을 두려워할 필요가 없습니다. 계속해서 하나님을 신뢰하면 됩니다. 조원들이 자신의 형편과 처지에 알맞은 은혜를 부어주시는 하나님을 신뢰하도록 인도하십시오.

27. 여러 민족의 어머니

하나님은 사래에게도 '사라'라는 새 이름을 주시고 그녀에게 크고 구체적인 약속을 선포하십니다. 이에 아브라함은 잠시 현실을 바라보기는 했지만, 즉각적으로 하나님께 다시 엎드려 순종합니다. 아브라함이 할례를 시행하는 모습은 매우 인상적입니다. 즉각적 순종은 하나님을 향한 전폭적인 신뢰를 나타내는 길입니다. 여러분도 흔들릴 수는 있습니다. 그러나 끝까지 불순종해서는 안 됩니다. 하루라도 빨리 진정한 그리스도인으로 변화하고 성숙해야 합니다. 조원들이 아브라함의 영적 성숙에 대해 깊이 있게 토론하도록 인도하십시오.

28. 약속과 믿음

아브라함의 섬김과 사라의 불신이 대조를 이루면서 과연 믿음이란 무엇인가에 대해서 다시 한 번 생각해봐야 합니다. 하나님은 전능하시지만 눈에 보이는 상황이 여러분의 믿음을 흔들리게 할 때가 많습니다. 여러분은 늘 하나님의 약속을 신뢰할 것인지, 아니면 상황을 신뢰할 것인지에 대한 선택의 기로에 서 있습니다. 믿음은 불가능해 보이는 상황에서도 하나님을 신뢰하며 인내하는 것입니다. 조원들이 각자 자신의 믿음에 대해 점검해보는 시간이 되도록 인도하십시오.

29. 하나님의 파트너

하나님은 아브라함을 강대한 나라요 복의 근원으로 부르신 반면, 소돔과 고모라에 대해서는 심판을 선언하셨습니다. 사람의 모습으로 임하신 하나님의 임재는 아브라함에게는 구원과 축복이었지만, 소돔과 고모라에게는 심판이었습니다. 주님이 다시 오시는 날에도 그러할 것입니다. 예수님을 통해 임한 하나님의 나라에 소속된 자들은 구원받지만 세상에 속한 자들은 심판을 받을 것입니다. 조원들이 자신은 어디에 소속되어있는지 생각해보는 시간이 되도록 인도하십시오.

30. 소돔의 성적 타락

소돔과 오늘날의 타락상의 공통점과 차이점을 비교해보십시오. 아마도 차이점을 별로 발견하지 못할 것입니다. 특히 약속의 땅을 떠나 세상의 풍요를 따라간 롯이 어떤 처지에 놓이게 되었는지 자세하게 관찰해야 합니다. 하나님과 세상을 겸하여 섬길 수 없습니다. '하나님'과 '세상' 가운데 조원들이 무엇을 선택했는지 토론하고 다시 한 번 하나님을 선택하는 다짐을 하도록 인도하십시오.

31. 손잡아 이끄시는 자비

본문의 핵심 단어는 '재촉'과 '지체'입니다. 하나님이 보내신 천사들의 재촉, 그리고 롯과 그의 가족들의 지체는 지금 여러분의 삶에서도 재현됩니다. 얼마나 많은 그리스도인들이 하나님의 마음과 열심을 무시한 채 여전히 세상에 속한 사람들처럼 살아가는지 모르겠습니다. 안개처럼 사라져 버릴 세상 것들에 대한 집착이 그리스도인들을 병들게 합니다. 조원들이 자신의 발목을 붙잡고 있는 세상의 존재들이 무엇인지 점검하도록 인도하십시오.

32. 여전히 깨닫지 못하는 롯

롯과 롯의 두 딸의 몸은 소돔과 고모라를 빠져나왔지만, 중심은 여전히 소돔과 고모라에 머무르고 있었습니다. 롯은 여전히 자신의 생각대로 무언가를 선택했습니다. 안전은 하나님께 있는데 롯은 산으로 피했습니다. 게다가 롯의 딸들은 좀 더 참지 못하고 술에 취한 아버지를 통해 자신의 후손을 잇습니다. 조원들이 인간의 진정한 안전은 어디에 있는 것인지 깊이 있게 생각해보도록 인도하십시오.

33. 선지자 아브라함

아브라함과 아비멜렉을 비교하면서 살펴보십시오. 하나님은 아브라함을 선지자로 세우셨지만, 그는 두려움 때문에 세상 사람들 앞에서 거짓말을 합니다. 게다가 자신의 실수를 덮으려는 궁색한 변명도 합니다. 반면, 아비멜렉은 이방인임에도 정의를 추구하고 실수를 인정하는 깨끗한 모습을 보입니다. 하나님의 자녀가 세상에 선한 영향력을 끼쳐야 하는데 오히려 세상 사람이 하나님의 자녀를 부끄럽게 만들었습니다. 조원들이 각자의 삶을 점검해보는 시간이 되도록 인도하십시오.

심도 있게 편찬된
구역 및 대학·청년부 BEST G.B.S. 교재

BEST 창세기 I

지은이 | 프리셉트팀(이상훈)

초판 1쇄 | 2012년 9월 28일
초판 3쇄 | 2019년 8월 20일

발행인 | 김경섭
국제총무 | 최복순
총무 | 김상현
기획국장 | 김현욱
서적부 | 양재성, 신충경
편집부 | 고유영(편집실장), 김지혜, 허윤희, 유권지

발행처 | 묵상하는사람들
등록번호 | 20-333
일부총판 | 생명의말씀사 Tel. (02) 3159-7979 Fax. 080-022-8585

주소 | 서울시 동작구 사당로2가길 91(사당동) (우) 07028
전화 | (02) 588-2218 팩스 | (02) 588-2268
홈페이지 | www.precept.or.kr
국민은행 772-21-0310-382(김경섭)

값 5,000원
ISBN 978-89-8475-560-4 04230
978-89-8475-456-0 04230(세트)

독자 여러분의 의견을 기다립니다.
독자 전화 (02) 588-2218 / pmnqt@hanmail.net